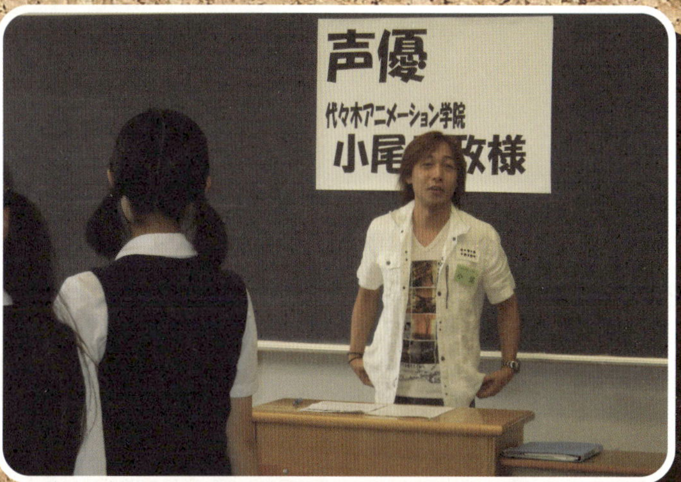

校内ハローワーク

年に1回、社会の第一線で働く30業種の社会人の皆様に講師になっていただき、生徒へ職業講座を実施する。1回の実施で3講座を受講、3年間で9講座を受講することとなる。講師は、職業に出会わせるというねらいのもと、仕事内容を丁寧に説明するとともに、中学生の今、何をなすべきか熱く語りかける。将来仕事につき、職業人、社会人として生活していくために、将来を見据え、考える機会とするのである。（第3章）

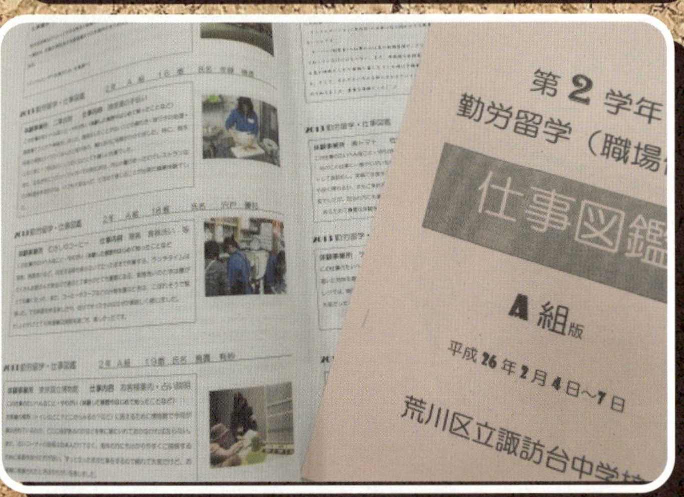

職場体験（勤労留学）

荒川区の施策として5日間連続の職場体験（勤労留学）を平成19年度より全中学校で実施することが発表された。その前年、本校がモデル校として実践に踏み切る。どのように受け入れ先を確保していくのか、指導のプログラムをどうするのか、単なる行事として終わらせていいのか等、試行錯誤は続く。そして、学校全体の教育活動の中で、この体験をどのように位置づけることが最も効果的であるのか、他の行事とのつながりも含め実践は続いた。区内の全ての中学校で5日間連続の勤労留学が始まった。（第2章）

おもしろ探求授業

各教科のスペシャリストの授業を、生徒に受けさせたいという思いから、この取り組みが始まる。一流の知識、技能が生徒の興味関心を強く引き寄せ、「すごい」「面白い」と感動した生徒の口から思わず言葉が飛び出す。リアルタイムで見るハワイの星空や、深海２０００ｍの世界、プロバスケット選手の超一流の技術などを目の当たりにする。一瞬の驚きや感激が、教科学習への意欲を引き出す。そして専門的な職業へのあこがれとつながっていく。（第３章）

ホテルシェフが教える調理実習

フレンチトースト　温かいイチゴソース<4人前>

■材料■

食パン(6枚切り)	2枚
卵	2個
牛乳	120cc
バニラエッセンス	少々
砂糖	6g(小さじ2)
無塩バター	20g(約大さじ2)
サラダ油	15cc(大さじ1)

<イチゴソース>

イチゴ(10粒くらい)	150g
砂糖	20g(大さじ2と1/3)
バニラアイスクリーム	300g

■作り方■

① イチゴを洗う。ヘタを取り1/4に切る。
② 砂糖をまぶした状態で30分ほど置く。
③ 卵・牛乳・砂糖・バニラエッセンスを混ぜ合わせる。
④ 混ぜ合わせた卵液に食パンをひたす(水分がなくなるまで)
⑤ フライパンにサラダ油、無塩バターを入れ加熱する。
⑥ バターが溶けたら食パンを入れる。
⑦ 弱火にして焼く(片面5分、裏返して5分)
⑧ 砂糖をまぶしたイチゴを鍋に入れ加熱する。
⑨ 焼きあがったフレンチトーストを切り分け盛付ける。
⑩ アイスクリームを添えて温かいイチゴソースをかけて完成。

温かいソースと冷たいアイスがよく合って美味しいよ！

地域人材との協働で行う行事は多数ある。本校では、地域にあるホテルシェフに全面協力いただき、一定期間、家庭科の調理実習で担当教諭を支援する。生徒はプロの料理人から徹底した食の安全や衛生について学び、食材の切り方、調理の火加減から盛りつけ方のこだわりまで、プロならではの調理法を経験する。いつもより緊張した調理実習で、作った料理を味わう試食はひと味違う。（第３章）

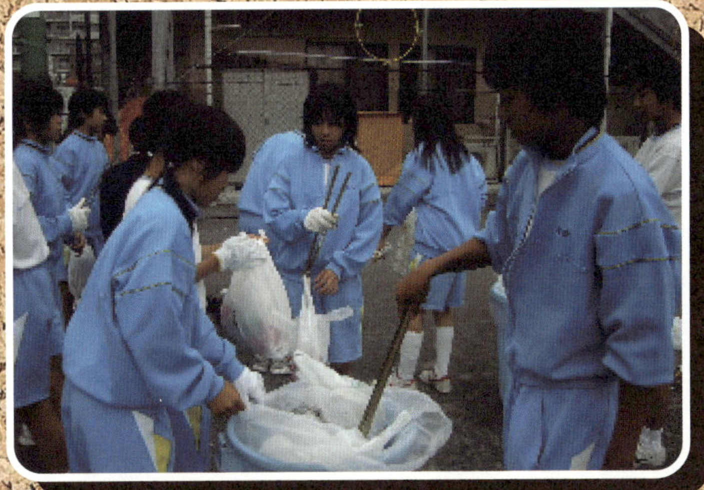

地域人を育成する環境教育

キャリア教育において地域人の育成は大きな要素となる。生徒会を中心とする清掃ボランティア活動で地域の実態を知り、総合的な学習の時間に行う環境交通学習では地域の将来を考え、様々な提案を行う。地域環境学習を進めながら、近い将来、地域を支える大人としての学習が始まる。将来を見据え、考える機会とするのである。(第3章)

小中学校をキャリア教育でつなぐ

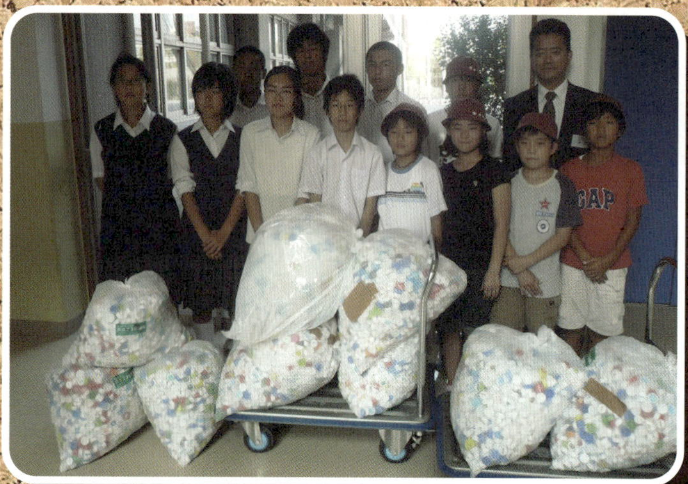

小中一貫教育研究の大きな柱はキャリア教育である。研究の骨子は大きくふたつに分け、「学び方分科会」では英語と算数・数学分科会に分け、生き方部会ではキャリア分科会（これは狭義の意味で勤労観・職業観に特化したもの）と生活指導分科会に分けて研究が始まった。とくに初年度研究は、キャリア教育の４領域８能力の人間関係形成能力の育成を中心に研究が動き出す。小中一貫教育をつなぐものはキャリア教育。徐々に理解が深まり研究が動き出す。（第５章）

タブレットパソコンを中心に据えたＩＣＴ活用授業

これからの社会を生き抜くために21世紀型能力を身に付けていく必要がある。なかでもＩＣＴ活用能力を育成していくことが求められている。本校では平成25年度、全国に先駆けて生徒ひとり一台のタブレットパソコンが配置され、ＩＣＴ活用授業が始まった。短期間に全教科で活用が広がり、タブレットパソコンというツールを生かしながら授業での課題解決能力、人間関係形成能力という基礎的・汎用的能力の育成に拍車をかける。（第６章）

学校図書館学習センター化、夜間補習授業「てらこや」

学校図書館を活性化し、学習センター、情報センターへの取り組みが進む。それはキャリア教育の視点で言語能力を身に付け、必要な情報収集力、分析力を学ばせる大切な場所だからである。（第７章）

学力向上に向けた、考えられる取り組みの試行錯誤が続く。本校が行う週２回夜間の補習授業「諏訪台てらこや」では100名を超える生徒が学習に取り組む。小さな積み重ねが大きな成果につながっていく。（第４章）

キャリア教育で変える
学 校 経 営 論

「しかけ」が教員・生徒・保護者を動かす

はじめに　～キャリア教育総論～

私が教員になった昭和50年代半ばは、全国の多くの中学校で校内暴力の嵐が吹き荒れ、テレビのニュースでは連日様々な事件が報道されていた。新任教諭として着任した中学校でも同様の傾向があり、連日警察との連絡や事件対応に追われる日々が続いていた。どうすれば学校生活が正常な状態に戻るのか、何がその要因なのか悩んでいたのは私ひとりではなく全ての教員であったはずである。

その頃の生徒指導は、どちらかというと高圧的で厳しい口調で抑え込もうとする傾向があったが、なかなか改善されない状況が続いた。学級担任をしながら、荒れて問題行動を繰り返す生徒たちには、目的意識が希薄で、自己肯定感や今何をすべきかなどと考える様子も見られなく感じた。担任として目の前で起きた事件の後追い的な指導を繰り返すだけでは生徒の変化は期待できないと考え、「保護者の職場訪問」と銘打って生徒に可能な限り訪問させ、そこでの仕事内容の取材と感想を全員に報告させていった。当然、その頃キャリア教育という言葉は存在しなかったし、指導している者としてそれを意識している訳ではなかった。だが、この取り組みを通じて、保護者の毎日の苦労を知ることになり、保護者の我が子に対する愛情も深く感じ始めるのである。同時に将来社会人になるために何が必要なのか、今何をしなくてはならないのかを意識していったのである。

その後、当時の状況は様々な形へ変化していく訳だが、少なくとも当時の高圧的な指導に比べ、生き方を考えさせる指導のほうがより効果を発揮したことを実感している。そして教諭時代の20年間、いかなる課題があろうとも「それぞれの事象が社会人の行動として認められるのか」という基準で生徒に投げかけて指導を行っていったのである。後に管理職として学校づくりの中心という立場になるのだが、校長としての学校経営の柱は、新卒教諭時代と変わらず、生徒に「生きる力」を身に付けさせるという視点を重視してきた。そしてキャリア教育の推進による教育の質の向上を目指す学校づくりへと変化させていったのである。

次に、なぜキャリア教育を学校経営の柱に据えているのかについて述べる。私が目指す学校像は「全教育活動をキャリア教育の視点で捉え、基礎的・汎用的能力を育成する学校」を掲げ、日々の教育活動の改善に取り組んでいる。なぜ「キャリア教育」を柱に据えて学校経営を行い、教育の質の変化を求めているのかと言えば、その背景には、若者の生きる力の低下に対する強い危機感があるからである。

現在、日本には約63万人もの若年無業者、いわゆる「ニート」がいると言われている（内閣府「平成26年度版　子ども・若者白書」)。当然、社会状況や景気の動向がその数に大きく影響していることは紛れもない事実である。しかし、教育者として危機感をいだくのは、その数字の中の多くのパーセンテージを占める課題に注目しなければならないということである。職場で人間関係が作れず、チームで仕事ができないことに悩んで離職する若者、課題解決力が身に付いていないために目の前に差し出された問題点を解決するための手段が見いだせず、その場から逃げ出してしまう若者等が大きな課題である。このことは、義務教育を担当する教育関係者として遠い将来に起きている社会問題と片づけて良いのであろうか。もし、現在行われている義務教育段階の教育活動の課題を見直し、教育の質を変えることができるのならば、社会人として力強く生き抜く力を身に付けさせ、この課題に対応できるのではないかと考えるのである。

逆に「ニート」、「フリーター」という問題点の一要因が、学校教育の在り方に課題があるからと捉えてみることもできる。例えば、子どもの学力観の変化という点に着目してみる。IEA・国際数学・理科教育動向調査（TIMSS）やOECD・生徒の学習到達度調査（PISA）のように、数字に表れる学力は世界でも上位を維持しているが、「学習が楽しい」「学校での学習が将来の役に立つ」と答える子どもの割合は他国と比べて極めて低いという事実である。当然10年、20年前も教員はそれぞれに信念を持ち、一生懸命に指導を行ってきたはずであるが、現実には大学卒業間際になっても自分は何をしたいのかが分からない、将来の目標が持てないという学生が多数いるという事実がある。国際調査で見られる授業に対する意識調査の課題は、その延長線上に社会で迷走する若者問題につながっており、そういう視点からもこれまでの学校教育の在り方を見直すための赤信号とみることもできる。

そこでキャリア教育の視点を教育活動全般に取り入れ、義務教育段階から社会人として必要な能力を育成するという視点で教育改革を進めていくことが若者の生きる力につながることになるとともに、これまで大きな変化を好まなかった学校教育の質そのものの改革にもつながるものと考えたのである。

キャリア教育という文言は、平成11年の中教審答申に「小学校段階からキャリア教育を推進する必要がある」と明記されたのが始まりである。それ以来、全国の小中学校ではキャリア教育の在り方について工夫し、様々な取り組みが進められてきた。中学校では、５日間の職場体験を目標に地域といかにつながりをもつのか、試行錯誤を繰り返してきたのである。平成11年以来の全国の動きを見ていると共通したいくつかの課題が見えてくる。第一に「キャリア教育＝進路指導」と考える傾向があるということである。これまでの進路指導をただ繰り返し、特別に他のことを行う必要はないという考え方である。第二に「体験活動＝職場体験」という見方である。キャリア教育というのは、職場体験を実施さえすれば行事として終わるという考え方である。さらにその前後の事前指導（職業講話等）、事後調査（アンケート、感想文作成等）が充実すればより自己満足度は高くなる。第三として、教科指導でキャリア教育を推進するということがイメージ化できないという問題である。教員の中には、毎回ゲストティーチャーをお呼びすることは不可能で、万が一できたとしても授業進行の妨げになると不快感を示す者もいるほどである。おそらくキャリア教育推進に向けて指導的な立場にある先生方は大なり小なりこのような傾向に悩みを抱え、苦労されているのではないだろうか。

私自身もその悩みを抱えるひとりの校長に過ぎないが、悩んでいるだけでは物事は前に進まないと考え、これまでいくつもの取り組みを進めてきた。最初にお断りしておきたいのは、ご紹介する実践がキャリア教育を進めることを目的に様々な取り組みを進めてきたというものではなく、現在目の前にある教育活動をキャリア教育の視点で見直し、教育の質そのものを高めるためにキャリア教育の考え方、手段を選んだということである。

キャリア教育そのものは、これまでの実践の中にも様々な要素があり、その断片の意識化こそが重要と考える。ひとつひとつ行われている学校行事や教科指導をキャリア教育の視点でつなぐことになれば、これまでの実践を生かして新しい視点を加えることで、より教育の質の高まりが期待できるのである。

今回お示しする内容は、なかなかつかみどころがないと考えられがちなキャリア教育を私なりに捉えて実践してきたものである。これが答えというものではないが、今後各地区、各校での実践に少しでもお役立ていただければ幸いである。

東京都荒川区立諏訪台中学校
校長　清水隆彦

『キャリア教育で変える学校経営論』

目次

第１章

学校経営編

公立中学校校長の学校経営理念

さて、これからキャリア教育推進の実践を述べる前に、公立中学校の校長である私の学校経営者としての考え方を述べておくことが、この後の具体的な実践になぜつながったのかをご理解いただけるのではないかと考える。

現在、東京都内の多くの区市において学校選択制度が実施されている。これは例えば、荒川区では原則全ての小学6年生が区立中学校を希望する場合、自由に学校を選択できるというものである。当然のこと、各中学校では自校を選択してもらうための特色を打ち出すことや、学校教育を理解してもらうための広報活動が必要となる。

まさに公立中学校として選ばれる時代に入ったといえる。もちろんこの制度が始まる前でも、公立中学校か私立中学校かという選択肢はあった。しかし、公立中学校そのものが選ばれるということになれば、入学してくる生徒をただ待つという姿勢ではなく、できるだけ多くの生徒に入学してもらう努力が必要となる。これまではどちらかというと公立中学校間は横並び意識が強く、どこの中学校でも同じ教育が受けられるということが重要とされていたように思う。

ここで強調しておきたいのは、単に学校選択制度が始まったから特色を前面に出すのではなく、本来、学校選択制度がない時代から選んでもらえるような教育サービスを常に提供する姿勢が必要だということである。当然全国には学校選択制度を実施していない地域のほうが多いことと思う。他の地域の学校を選択することが不可能な物理的な理由がある場合も考えられる。しかし、たとえ学区の全児童が自校に進学してくるとしても、選択してもらえるだけの魅力的な学校づくりができているか、他を選ぶことが可能であったとしても自校を選んでもらえるかという危機感をもって努力する姿勢が必要であると考える。私は、公立学校とて各校が特色を出し、個性を示す時代に入ったと考えている。校長がビジョンを示し、そのビジョンの実現のために学校組織をどう動かしていくのかという教育管理職の推進力が求められている。これまでのように自然と入学してくる生徒を待つだけではなく、選ばれるための努力が求められる時代だといえるし、そういう意識が教職員に必要になったと考えている。

当然教育には不易と流行があり、これまでの手法を全て否定するものではないが、時代の変化や課題をいち早く察知し、勇気を持って変革すべき部分には積極的にスピード感をもって対応する必要性を常に感じている。日頃、学校の経営者として取り組んでいる基本的な考え方を示したい。

1．学校経営戦略で教職員に求める具体策

①学力向上への戦略、戦術

学校全体の大きな課題として学力向上がある。そのために学校組織として何ができるのか、具体策をどのように進めるのかが大きな課題となる。当然組織的な対応策を協議して進めることになるのだが、ます第一に校長が教育管理職としての戦略、戦術を教職員に示し、実践に結びつける。組織を動かすことで教職員による発想を期待するのである。

②サービス業的感覚を重視

私は常に教育現場にこそサービス業的な感覚が必要であると考えており、学校は教育品質第一のサービスを提供するものであると教職員に話している。学校という世界では、これまでどちらかというと一方的に指導を行い、これで良いと自己完結する傾向が強かった。自校の教育品質を評価するのは生徒であり、保護者である。そうなると常に顧客満足度を意識した対応が必要となり、管理職には評価を知るためのリサーチ能力もまた求められる。そのような意識を教職員に求めていく。

③数値化する学校経営目標

学校という世界にはこれまで数値化した目標を立てることを嫌う文化があった。どちらかというと抽象的な目標を設定し、漠然と「全力を尽くした」、「努力したがあまり改善できなかった」というように検証をあいまいにする傾向がある。そこで、到達目標をできるだけ具体的に数値化しながらその達成度を検証するようにした。教職員に学校経営目標を意識させるのである。

当然、学校経営方針に示す数値は校長の独断ではなく各分掌担当と綿密な協議の末に設定したものである。学校全体の数値目標を設定することで各々の教員が自らの数値目標を設定し、自己申告制度の面接等で検証し、次の手段を練るところまでを目指すのである（p12～13、「学校経営方針」参照）。

④発信型学校経営

常に学校の取り組みを様々なツールを使って発信する。学校ホームページでは学校の様子をリアルタイムで更新し、最新の行事の様子やキャリア教育に対する校長の考え方等を示していく。また、学校便り等でも同様の内容を示す。さらに情報配信システムを使い、スピード感をもって保護者へ必要情報を提供していく。発信型という点では、地域人材と協働する取り組み、例えば

職場体験の終了後、事後の変容をまとめた結果、生徒の感想等を意図的に受け入れ事業所に知らせていくなどの情報発信により、信頼関係を構築していく。言わば情報は「鮮度が命」なのである。

⑤全教育活動でのキャリア教育推進

全ての教育活動でキャリア教育を実施するため、学校経営方針にしっかりとキャリア教育の要素を具体的に盛り込むことや校長によるきめ細かいプレゼンテーションを行うことで、教職員の意識改革を促す。地域人材の協力を生かす勤労観・職業観の育成とともに授業力向上に向け、キャリア教育の基礎的・汎用的能力を中心に位置づけて研究授業を進めることで、日頃の授業の中でキャリア教育を推進し、授業の質の向上を目指していく。

さらにキャリア教育推進という視点で学校図書館の学習センター化・情報センター化は欠かすことのできない重要な要素となる。校内組織を活用しながら計画的に推進する。このことは、情報収集力、情報活用力といった点でキャリア教育の育てたい能力に対しても大きな影響を及ぼす。

⑥これまでの形にこだわらない改革

学校という世界ではまだまだ前年踏襲という傾向が強い。また、校内での様々なシステムもまた同様の傾向がある。例えば多くの学校では教務主任、生活指導主任が校務分掌の中心という考え方が根強くあるが、私はむしろ進路指導主任の動きが学校の中心であると考えている。いわば進路指導主任のワントップ、教務主任と生活指導主任がトップ下でコア人材を配置させる手法をとっている。また、校務分掌はほぼ全ての中学校で教務、生活、進路の３部門に限定する傾向が強いが、私は学校経営上、特に力を入れて推進したい内容、緊急的に課題解決したいもの、重点施策等については、これまでの校務分掌の枠を超え、適材適所の考え方で各種特命担当を任命し、重点的に効率的に校内組織を機能させている。

その他にもこれまでの形にこだわらないものがいくつもある。例えば時間割等については必ずしも固定せず、１週間ごとに決める方式をとっている。利点として各教科授業の進行管理をきめ細かく行えることや出張、休暇による急な自習等を絶対につくらないということがある。学校は決められた授業時数を確保し、生徒に提供しなければならない責務があるからである。

教科教室型中学校の校長として赴任した際は、これまでの形にこだわらず、チャイムを鳴らさない学校生活に変え、ノーチャイムでの学校生活を定着させた。学校の状況に応じて校長としてのこれまでの形にこだわらない発想が必要と考える。

冒頭でも述べたとおり、学校選択制度が進む中、生徒、保護者は、それぞれが持つ願いを満たしてくれる学校を選ぶ時代である。校長は、学校経営者としてのマネージメント力や、新しい発想を企画して、それを実践に移すイノベーションの開発・導入が求められていると強く感じている。

2．学校経営方針を踏まえた具体策

言うまでもなく学校経営方針は、学校運営上全ての根幹をなすものである。教員は年度始めの自己申告の際、この学校経営方針を基準に自分自身が具体的にどのように関われるのかを考え、自ら実現可能な数値目標を設定するかが求められる。また学校経営という視点で考えたとき、各分掌主任、特命担当教員がどのような具体策を提案できるのかということは、学校組織を大きく変容させていく上で重要な要素となる。学校経営方針は、形だけでなく全てを動かす元になるものと位置づけている。

学校経営方針を示す際、特に校長として目指す方向性を具体的に盛り込むということが何より必要と考えている。その際、できるだけ抽象的な表現を使わず、具体的な事象、数値を示すことで教職員の意識を焦点化することをねらいとする。校長に着任して以来、同様の形式で学校経営を推進しているが、当然数値目標が達成できないこともある。その結果を元に担当した個人の責任を追及するというのではなく、達成できなかった要因はどこにあるのか、数値設定そのものが適切であったのか等、担当者と協議するプロセスを重視することで学校の組織力を高めていく。PDCAサイクルを生かすためにもその数値目標は大きな役割を果たす。そして、次に向けて何をどうすれば目標達成できるのか、改善策を協議し、発展的に策を練っていく。

今、まさにニート・フリーター問題や国際調査の結果から見える学ぶ意欲の低下等、生徒や若い世代に見られる様々な課題について考えたとき、義務教育段階におけるキャリア教育推進という視点は緊急性の高い極めて重要な教育課題と考えられる。学校経営者である校長は、キャリア教育が21世紀型能力の育成に向けていかに効果的で必要であるかということを認識し、教育改革を進めようとするならば、学校経営方針の中心にしっかりとキャリア教育推進を位置づけなければならない。なかなかキャリア教育が進まないとか、いくつかの行事で完結してしまうなどという話をよく聞くことがある。進まない、広がらない原因はまず管理職の意識にあり、具体性をもってしかけていくことが重要である。さらに、組織全体をリードするコアとなる人材育成が必要で、学校組織全体に徹底を図っていく必要がある。このことがなければ単にキャリア教育が重要であるとか、キャリア教育の視点が大事などという言葉が繰り返し使われたところでキャリア教育そのものが急激に浸透するとは考えにくい。キャリア教育を力強く推進させていく全ての始まりは、学校経営方針の中にあると言っても過言ではない。

平成２６年４月１日

平成２６年度

学校経営方針

荒川区立諏訪台中学校
校長　清水　隆彦

１．教育目標

人間尊重の精神を基調とし、知性、感性、道徳心や体力をはぐくみ、人間性豊かに成長することを通して、広く国際社会に生きる人間の育成を目指す。

目指す生徒像は以下の通りである。

① 豊かな心をもち、思いやりのある生徒
② 自ら考え、進んで学ぶ生徒
③ 心身ともに健康で、たくましい生徒
④ 地域と共に学び、地域を愛する生徒

２．目指す学校像

「全教育活動をキャリア教育の視点で捉え、基礎的・汎用的能力を育成する学校」

基礎的・汎用的能力とは……「人間関係形成･社会形成能力」、「自己理解・自己管理能力」、「課題対応能力」、「キャリアプランニング能力」（４能力）

① 学ぶ意欲を高めさせ、学力向上に向けて基礎的・汎用的能力の育成を視点に授業改善を行い、授業力向上による指導を徹底する学校
② 教育品質第一で、常に質の高い教育活動を提供し、タブレットパソコンや電子黒板等のＩＣＴ機器を意図的に活用し、質の高い授業展開を行う学校
③ 学校図書館を学習センター・情報センター化し、言語能力の育成を図る学校
④ 音楽が流れ、歌声が響く学校
⑤ 学校パワーアップ事業（ＳＰＵ）で本校の特性を生かし、「校内ハローワーク」「諏訪台てらこや」等を実施し、キャリアプランニング能力を育成する学校
⑥ 学校が地域コミュニティーの核となり、生徒、保護者、地域の信頼に応える学校

３．学校経営方針

常に質の高い教育活動を提供し学力向上を図る学校の実現のため、教職員一人ひとりが自己の職責を自覚し、授業力の向上を目指し、教職員相互の共通理解に立ち組織的に教育活動を推進する。

【方針の柱】

① タブレットパソコン導入２年目となる本年度、先進導入校として、より効果的な授業活用の範囲を拡大する。
② 学校図書館学習センター化、情報センター化を一層推進し、タブレットパソコン活用によるＩＣＴ教育と両輪となる学校図書館活用教育を促進する。
③ 平成２５、２６年度に荒川区授業力向上プロジェクト事業研究指定校、学力向上パートナーシップ事業（東京都）を通じて全教員の授業力向上について研究し、成果を発表する。
④ 研究指定校の推進については、研究主任を中心にワーキングチームを編成し、積極的に授業研究を実施する。また、東京都主催の研修会、荒川区教育研究会にも積極的に参加し、教育の質の向上を図る。
⑤ ２年目となる学校経営支援組織を副校長を中心に副校長業務の分担ならびに分掌業務の見直しを進め、業務の効率化と協働できる組織体を創る。
⑥ 学校経営のねらいを焦点化し、校務分掌とは別に課題ごとに特命担当を指名する。このことにより、学校経営目標達成に向けて成果を上げる取り組みを実践する。
⑦ 「荒川区学校教育ビジョン推進プラン」の２５の目標と５８施策をひとつひとつ具現化し、未来を築き、たくましく生きる子どもの育成に向け全力を傾ける。

⑧　本校の特色である「学校新聞づくり」をはじめ、各教科領域で新学習指導要領のねらいである言語能力育成のための意図的、計画的な具体策を実践する。

⑨　学校パワーアップ事業（ＳＰＵ）を生かし、キャリア教育を基盤とした本校独自の施策を展開する。特に学校経営の特色として外部人材の教育参加を積極的に進める。

４．本年度の学校経営　重点項目

①　タブレットパソコン、電子黒板等のＩＣＴ活用授業（電子教科書）を活用した授業を一層推進し、生徒の興味・関心・意欲を高める授業改善を行う。

②　学校図書館の学習センター化、情報センター化を飛躍的に進める。学校図書館活用授業等、ブックトーク、コラボ授業等、利用拡大を図る。全学年フロアに出張図書館を設置する。

③　荒川区授業力向上プロジェクト事業研究指定校の２年目の研究まとめに向けて研究を加速させる。研究では、基礎的・汎用的能力の項目を必ず指導案に位置づけ、１０月３１日（金）の研究発表会を成功させる。

④　本年度より区の「あらかわ寺子屋」施策が行われる。学力向上マニフェスト予算を活用し、教材の充実、外部人材の活用を進め、放課後補習指導、夜間補習授業「諏訪台てらこや」を年間５５日以上実施する。また、放課後補習等も充実させ一層の学力向上を図る。

⑤　全教育活動でキャリア教育を推進する。「校内ハローワーク」「シェフによる調理実習」「勤労留学」等の勤労観・職業観の育成について実践を積み上げていく。

⑥　「音楽が流れ、歌声が響く学校」を目指す。音楽教育は効果的な情操教育であり、合唱コンクールの質の向上を目指し全教職員で支援することで音楽教育の発展的な実践を行う。

⑦　学力向上の柱として英語検定、漢字検定、数学検定等、各種検定の受験者数、合格者数の拡大を図り、平成２５年度末実績の２５％増を目指す。

⑧　ボランティア活動（祭礼、地域清掃等）を通じて、人権尊重の精神を育成する。地域清掃・地域行事への積極的な生徒参加を奨励する。

⑨　来校者数３０％増を目指し、戦略として意図的に学校行事、学年行事等を公開する。

⑩　学校だよりの発行や学校ホームページの迅速な更新、写真展示、ケーブルテレビやマスコミ等の取材は、学校ＰＲや学校理解の場とするための戦術として位置づける。

⑪　生活指導部、スクールカウンセラー、特別支援教育支援員、外部専門機関との連携を強化し、不登校生徒の減少を目指す。

⑫　全教職員の協力を得て、部活動の充実を一層推進する。

５．重点項目を踏まえた数値目標

①　学力向上調査（活用）の各教科達成率を前年度比、２ポイント上昇を目指す。

②　図書館利用生徒数を年間累積１６，０００人以上、貸し出し冊数を累積３，５００冊以上、図書館開館日を年間２４５日以上を目指す。

③　本校への来校者数を２５年度比の３０％増の１３０％を目指す。

④　各種検定（英検、漢検、数検等）のそれぞれで受験者数、合格者数を前年度比、各級１．２５倍の合格者を目指す。

⑤　年度末までに不登校ぎみ生徒、保健室登校生徒の教室復帰を目指す。

⑥　校内での研究授業を年１５回以上実施する。

⑦　補習等への支援外部人材（含む大学生）を年間３０名以上目指す。

⑧　夜間の補習授業「諏訪台てらこや」を年間５５日以上実施する。

（※　平成２６年度、学校経営方針一部抜粋）

キャリア教育推進の課題

1．導入期の課題

平成11年、中教審答申の「初等中等教育と高等教育との接続の改善について」において、キャリア教育を小学校から段階的に実施する必要があると発表され、キャリア教育という言葉が初めて登場した。これまで各都道府県の進路指導研究会、全国中学校進路指導連絡協議会による全国大会においては様々な取り組みについて研究発表がなされ、キャリア教育の研究・推進をしてきた経緯があるが、当初、全国の小学校、中学校でのキャリア教育の取り組みにはある傾向が見られた。例えば進路指導とキャリア教育は同じものと捉え、特に変化が求められている訳ではなく、今のままで十分と考える傾向があった。また、体験活動が重要と示されると、職場体験さえ実施できればキャリア教育の実践は全て終了することができた、と自己完結しがちであった。

当時、国立教育政策研究所が示した『職業観・勤労観を育む学習プログラム』の枠組み例は全国に広がり、キャリア教育をどう進めていくのか暗中模索状態の学校現場に極めて活用しやすいひとつの基準となっていた。ここで示された4領域8能力（人間関係形成能力・情報活用能力・将来設計能力・意思決定能力）を軸に小学校低学年から中学校、高等学校に至る指導プログラムが作成されていった。これまで私が勤務した区においても、学区の小学校とともにマトリックスの表を作成しながら小中学校でキャリア教育という視点で何ができるのか、何が欠けているのかを協議しながら進めていくことには大きな成果を発揮した。

10年ほど前、全国大会の分科会での発表では、どこも同じ「職業観・勤労観を育む学習プログラム」の枠組みが活用され、同様の報告がされていた。導入期にこの枠組みが大きな成果を発揮したことがわかるが、別の見方をするとどこも同じ手法で、それぞれの学校が目指す生徒像や地域の特性を生かす取り組みという点ではやや画一化されていったことが課題ともいえる。

また、「キャリア教育＝職業観・勤労観の育成」と考える傾向が強く、職業教育へと特化する見方だけが広がりを見せていったことが本質的なキャリア教育推進に向けての弊害となっている。

さらに各教科、領域におけるキャリア教育の推進となると、各教科での指導とキャリア教育は別物という見方が根強く、授業への導入という点ではなかなか現実味を帯びてこないことが課題となっている。何のためのキャリア教育かを十分に理解せずに形だけキャリア教育を叫び、進めようとすることが最も大きな課題となっていた。

（２）勤労観、職業観を育む９年間のプログラム

○勤労観、職業観を育む学習プログラムの枠組み－職業的（進路）発達にかかわる諸能力の育成の視点から

			荒川区立汐入小学校			荒川区立第三中学校		
			低学年	中学年	高学年	1学年	2学年	3学年
職業的（進路）発達の段階			進路の探索・選択にかかる基盤形成の時期			現実的探索と暫定的選択の時期		
○職業的（進路）発達課題（小～中学校段階） 各発達段階において達成しておくべき課題を進路・職業の選択能力及び将来の職業人として必要な資質の形成という側面から捉えたもの。			・自己及び他者への積極的関心の形成・発展 ・身のまわりの仕事や環境への関心・意欲の向上 ・夢や希望、憧れる自己イメージの獲得 ・勤労を重んじ目標に向かって努力する態度の形成			・肯定的自己理解と自己有用感の獲得 ・興味・関心等に基づく職業観・勤労観の形成 ・進路計画の立案と暫定的選択 ・生き方や進路に関する現実的探索		
職業的（進路）発達にかかわる諸能力			職業的（進路）発達を促すために育成することが期待される具体的な能力・態度とその実践					
領域	領域説明	能力説明						
人間関係形成能力	他者の個性を尊重し、自己の個性を発揮しながら、様々な人々とコミュニケーションを図り、協力・共同してものごとに取り組む。	【自他の理解能力】 自己理解を深め、他者の多様な個性を理解し互いに認め合うことを大切にして行動していく能力	・自分のよい所やがんばったことを見つけようとする。 ・友達と仲良く遊び、助け合う。 ・家族やお世話になった人の大切さに気づき、感謝の気持ちをもつ。 ①生活「おもちゃランドにあつまろう」 ①生活「なかよし　いっぱい　だいさくせん」 ②生活「1年生と遊ぼう」 ②生活「ひろがれ　わたしの　ものがたり」	・自分のよいところを見つけ、伸ばす。 ・友達のよいところを認め、励まし合う。 ・自分の生活を支えている様々な人に感謝する。 ③道徳「プレゼント」 ③道徳「ブラッドレーのせいきゅう書」 ④国語「くらしを見つめて」 ④道徳「お母さんとの約束」	・自分の長所や欠点に気付き、自分らしさを発揮する。 ・自分とは異なる他者の考えや態度を理解し尊重する。 ・自分が大勢の人に支えられていることに気づき感謝する。 ⑤⑥道徳「自分をみつけみがきをかけよう」 ⑤⑥道徳「生き生きしている自分」	・自分の良さや個性がわかり、他者の良さや感情を理解し、尊重する。 ・自分の言動が相手や他者に及ぼす影響がわかる。 ・自分の悩みを話せる人を持つ。		
						道徳「自分らしさ（個性の尊重）」 道徳「ちいちゃんのつめ（友情・信頼）」	道徳「奇跡の一週間（生命の尊重）」 道徳「妹に（生きる喜び）」 道徳「なみだ（謙虚な心）」 道徳「失敗？それが今の君（個性の伸張）	道徳「高く遠い夢（強い意志）」 道徳「兄からのメッセージ（個性の伸長）」 道徳「ぼくにもこんなよいところがある(個性の尊重)」 道徳「たとえばぼくに明日はなくとも(生命の尊重)」
		【コミュニケーション能力】 多様な集団・組織の中で、コミュニケーションや豊かな人間関係を築きながら、自己の成長を果たしていく能力	・あいさつや返事をする。 ・自分の思いや考えをみんなの前で話す。 ・友達や下学年の子をを誘って、仲良く遊ぶ。 ①国語「ききたいな　はなしたいな」 ①道徳「あいさつはこころのリボン」 ②生活「1年生と遊ぼう」 ②図工「6年生への贈り物」 ②国語「分かるように伝えよう」	・自分の意見や考えを分かりやすく表現する。 ・友達の気持ちや考えを理解しようとする。 ・友達と協力して、学習や活動に取り組む。 ③総合「まちではたらく人たち」 ③国語「友だちっていいな」 ④国語「わたしはレポーター」 ④総合「環境交通」	・自分と相手との考えや意見の違いを理解し考えながら話すことができる。 ・思いやりの気持ちをもち、相手の立場に立って考え行動しようとする。 ・異年齢集団の活動に進んで参加し、役割と責任を果たそうとする。 ⑥総合「人と出会い人と関わり人として生きる」 ⑤⑥縦割り班活動（異学年との交流） 読み聞かせ集会など	・他者に配慮しながら、積極的に人間関係を築こうとする。 ・人間関係の大切さを理解し、コミュニケーションスキルの基礎を習得する。 ・リーダーとフォローの立場を理解し、チームを組んで互いに支えながら仕事をする。 ・新しい環境や人間関係に適応する。		
						総合「職場訪問」 総合「輝汐祭」（合唱コンクール） 特活「町会合同運動会」 道徳「おはよう（礼儀・適切な言動）」 道徳「小さなしつけ（望ましい生活習慣）」	総合「勤労留学」 総合「輝汐祭」（合唱コンクール） 特活「町会合同運動会」 総合「勤労留学交流会」	総合「上級学校調べ・訪問」 総合「輝汐祭」（合唱コンクール） 特活「町会合同運動会」 総合「勤労留学交流会」
情報活用能力	学ぶこと・働くことの意義や役割及びその多様性を理解し、幅広く情報を活用して、自己の進路や生き方の選択に生かす。	【情報収集・探索能力】 進路や職業等に関する様々な情報を収集・探索するとともに、必要な情報を選択・活用し、自己の進路や生き方を考えていく能力	・家族の仕事や、地域で働く人の様子が分かり、興味・関心をもつ。 ①生活「みんな　だいすき　かぞく」 ②国語「探検！発見！大冒険！」	・いろいろな職業や生き方があることが分かる。 ・分からないことを図鑑などで調べたり、質問したりする。 ③総合「生き物だいすき」 ③総合「まちではららく人たち」（社会科見学） ④社会「くらしの中の伝統的工業」 ④国語「わたしはレポーター」 ④総合「環境交通」	・身近な産業・職業の様子やその変化が分かる。 ・自分に必要な情報を探す。 ・気付いたこと、分かったことや個人・グループでまとめたことを発表する。 ⑤総合「隅田川に抱かれた汐入の街」 ⑤⑥総合「環境交通」 ⑥中学校でのハーローワーク見学（11月） ⑥中学生による勤労体験報告交流（2月）	・産業、経済等の変化に伴う職業や仕事の変化のあらましを理解する。 ・上級学校、学科等の種類や特徴及び職業に求められる資格や学習歴の概略が分かる。 ・生き方や進路に関する情報を、様々なメディアを通して調査・収集・整理し活用する。 ・必要に応じ、獲得した情報に創意工夫を加え、提示、発表、発信する。		
						特活「清里移動教室」（調べ学習・発表） 総合「弁論大会（環境）」 総合「職場訪問」 総合「輝汐祭」 総合「校内ハローワーク」	特活「下田移動教室」（調べ学習・発表） 総合「弁論大会（福祉）」 総合「勤労留学」 総合「輝汐祭」 総合「校内ハローワーク」	特活「修学旅行」（体験学習・調べ学習・発表） 総合「弁論大会（国際理解）」 総合「上級学校調べ」 総合「輝汐祭」 総合「校内ハローワーク」
		【職業理解能力】 様々な体験等を通して学校で学ぶことと社会・職業生活との関連や今しなければならないことなどを理解していく能力	・係りや当番、家での仕事に日常的に取り組み、それらの大切さが分かる。 ①学級活動「かかりのしごと」 ①生活「みんな大すき　じぶんにできること」 ②生活「ミニトマト・サツマイモを育てよう」	・係や当番活動に積極的にかかわり，働くことの楽しさが分かる。 ③道徳「だいこんあらい」 ③社会「区内めぐり（社会科見学）」 ③④学級活動「係の仕事、当番の仕事」	・施設見学・職場見学等を通し、働くことの大切さや苦労が分かる。 ・学んだり体験したりしたことと、生活や職業との関連を考える。 ⑤⑥道徳「働くってどういうこと？」 ⑥職場体験（2月）	・将来の職業生活と関連の中で、今の学習の必要性や大切さを理解する。 ・体験等を通して、勤労の意義や働く人々の様々な重いが分かる。 ・係・委員会活動や職場体験等で得たことを、以後の学習や選択に生かす。		
						総合「校内ハローワーク」 道徳「山奥の請負配達夫（勤労・社会への奉仕）」	総合「校内ハローワーク」 道徳「金語楼さんのこと（勤労と奉仕の精神）」	総合「校内ハローワーク」 道徳「たんぽぽ作業所（勤労・社会への奉仕・公共の福祉）」
将来設計能力	夢や希望を持って将来の生き方や生活を考え、社会の現実を踏まえながら、前向に自己の将来を設計する。	【役割把握・認識能力】 生活・仕事上の多様な役割や意義及びその関連等を理解し、自己の果たすべき認識を深めていく能力	・家の手伝いや割り当てられた仕事・役割の必要性がわかる。 ①生活「みんな大すき　じぶんにできること」 ①道徳「おてつだい」 ②道徳「突然の雨ふり」 ①②行事「汐入まつり」（6月）	・社会生活にはいろいろな役割があることや、その大切さがわかる。 ・互いの役割や役割分担の必要性が分かる。 ③④学級活動「係の仕事、当番の仕事」 ④道徳「チューリップの球根」 ④総合「清里高原学園（夏季施設）にむけて」 ④総合「1／2成人式」 ③④行事「汐入まつり」（6月）	・日常の生活や学習と将来の生き方との関係に気付く。 ・仕事における役割の大切さや関連性、その変化に気付く。 ⑤⑥行事「汐入まつり」（6月） ⑤総合「清里移動教室に向けて」 ⑤総合「下田臨海学園（夏季施設）に向けて」 ⑥総合「下田移動教室に向けて」	・自分の役割やその進め方、よりよい集団活動のための役割分担やその方法等が分かる。 ・日常の生活や学習と将来の生き方との関係を理解する。 ・様々な職業の社会的な役割や意義を理解し、自己の生き方を考える。		
						総合「職場訪問」 総合「校内ハローワーク」	総合「勤労留学」 総合「校内ハローワーク」	総合「上級学校調べ・訪問」 総合「校内ハローワーク」
		【計画実行能力】 目標とすべき将来の生き方や進路を考え、それを実現するための進路計画を立て、実際の選択行動等で実行していく能力	・自分のやりたいことが分かり、それに向けて見通しをもって、作業の準備や片づけをする。 ①生活「おもちゃランドにあつまろう」 ①生活「とびだせ　あそびたい」 ②生活「生き物　大好き」 ①②行事「音楽会」（11月）	・将来の夢や希望を持つ。 ・計画づくりの必要性に気付き、作業の手順が分かる。 ・学習等の計画を立てる。 ③総合「生き物だいすき」 ③④行事「音楽会」（11月） ④総合「1／2成人式」	・将来のことを考える大切さがわかる。 ・憧れとする職業をもち、今しなければならないことを考える。 ・学習等の計画を立て、見通しがもてる。 ⑥中学校部活動見学（8月） ⑤⑥行事「音楽会」（11月） ⑥中学校体験入学（2月）	・将来の夢や職業を思い描き、自分にふさわしい職業や仕事への関心・意欲を高める。 ・進路計画を立てる意義や方法を理解し、自分の目指すべき将来を暫定的に計画する。 ・将来の進路希望に基づいて当面の目標を立て、その達成に向けて努力する。		
						総合「職場訪問」 総合「校内ハローワーク」 特活「清里移動教室」	総合「勤労留学」 総合「校内ハローワーク」 特活「下田移動教室」	総合「上級学校調べ・訪問」 総合「校内ハローワーク」 特活「修学旅行」
意志決定能力	自らの意志と責任でよりよい選択・決定を行うとともにその過程での課題や葛藤に積極的に取り組み克服する。	【選択能力】 様々な選択肢について比較検討したり、葛藤を克服したりして、主体的に判断し、自らにふさわしい選択・決定を行っていく能力	・自分の好きなもの大切なものをもつ。 ・学校の決まりを知り、進んで守ろうとする。 ①道徳「きいろい　ベンチ」 ①学級活動「学校のきまり」 ①生活「がっこうたんけん」 ①②学級活動「各学期のめあて」	・クラブ活動や係活動などで自分のやりたい ものを選んで、進んで取り組む。 ・してはいけないことが分かり、自制する。 ③道徳「言葉のまほう」 ③道徳「バドミントンクラブ」 ④道徳「エジソンとえいじ」 ④道徳「ぼくの部屋」 ④クラブ活動	・委員会活動などで自分のやりたいこと、よいと思うことを考え、自発的に取り組む。 ・教師や保護者に自分の悩みや葛藤を話す。 ⑤⑥委員会活動 ⑤⑥クラブ活動	・自己の個性や興味・関心等に基づいて、よりよい選択をしようとする。 ・選択の意味や判断・決定の過程、結果には責任が伴うことなどを理解する。 ・教師や保護者と相談しながら、当面の進路を選択し、その結果を受け入れる。		
						道徳「合唱コンクール（愛校心・校風の樹立）」 道徳「選手に選ばれて（社会の秩序と起立）」	道徳「われここに生きる（強い意志）」	道徳「わき役の力（集団生活の）向上」 道徳「卒業文集最後の二行（正義・公平）」
		【課題解決能力】 意思決定に伴う責任を受け入れ、選択結果に適応するとともに希望する進路の実現に向け、自ら課題を設定してその解決に取り組む能力	・自分のことは自分で行おうとする。 ・自分たちで決めた遊びや活動を成功させるために、何ができるかを考え、実行する。 ③④学級活動「学期の目標づくり」 ①生活「とびだせ　あそびたい」 ②学級活動「お楽しみ会を開こう」 ①②義捐金募金活動（不定期） ①②ボトルキャップ集め（常時）	・自分の仕事に対して責任を感じ、最後までやり通そうとする。 ・自分の力で課題を解決しようと努力する。 ③④学級活動「学期の目標づくり」 ④クリーニングプロジェクト ④地域清掃「ゴミ０作戦」（5／30） ③④義捐金募金活動（不定期） ③④ボトルキャップ集め（常時）	・生活や学習上の課題を見つけ、自分の力で解決しようとする。 ・将来の夢や希望をもち、実現を目指して努力しようとする。 ③④学級活動「学期の目標づくり」 ⑤⑥クリーニングプロジェクト ⑤⑥地域清掃「ゴミ０作戦」（5／30） ⑤⑥義捐金募金活動（不定期） ⑤⑥ボトルキャップ集め（常時） ⑤⑥中学生との委員会交流	・学習や進路選択の過程を振り返り、次の選択場面に生かす。 ・よりよい生活や学習、進路や生き方等を目指して自ら課題を見出していくことの大切さを理解する。 ・課題に積極的に取り組み、主体的に解決していこうとする。		
						③④学級活動「学期の目標づくり」 クリーニングプロジェクト（毎週金曜日） 地域清掃「ゴミ０作戦」（5／30） 義捐金募金活動（不定期） ボトルキャップ集め（常時） 小学生との委員会交流		

（平成19～21年度小中一貫教育研究より）

2．学校経営者である校長としてキャリア教育を進める上での課題

①職業人育成だけではないキャリア教育

キャリア教育が求めるものは、職業人の育成だけではない。求めているものは、地域を支える社会人、将来の街を支える市民を育成することである。それは毎日の学校生活における全ての教育活動で培われるものであり、ボランティア活動等を通じて市民感覚を育成することや環境地域学習等もまた重要であると考える。

そのためには校長としての立場でいえば、学校経営方針の中でどの程度キャリア教育を意識し、キャリア教育の施策が配置されているのかということが重要である。

また、人材育成の観点でいえばキャリア教育の指導的な立場となるリーダー的な教員の育成、つまり実戦部隊となる教員のリーダー育成（コア人材）というものが大きな決め手となる。学校の教職員が、学校教育（生活）そのものが社会人の育成という観点を強く持てば、朝のあいさつ運動、「時間を守る」、「約束を守る」などの授業規律の指導全てがキャリア教育そのものと意識づけられるのではないか。そのことが学校組織全体のキャリア教育の活性化に繋がっていく。その延長線上に職場体験も位置づけられる。

②地域や保護者との連携はどうか

社会（地域）そのものがキャリア教育をスムーズに受け入れる程、社会は変わっていないのではないかとも思われる。社会そのものが学校のキャリア教育に対して積極的に働きかけるという動きが、学校現場では強く感じられない。例えば、企業側がどのように考えているのかということも知る必要がある。

もう一方で、学校で行っているキャリア教育が社会にそれほど浸透していないのではないかとも言える。それは、発信側にも問題があると考える。職場体験で事業所に受け入れをお願いにいくと、「学校では新しいことを始めたんですね」という声もあるくらいである。私が勤務した中学校では積極的にホームページでの広報活動や区主催の発表会なども実践しているが、それでも十分に浸透しているとはいえなかった。地域に向けた発信不足というものがキャリア教育を停滞させているひとつの要因ではないか。

学校経営の基本として地域、保護者との連携は不可欠である。地域、保護者の方の教育参加により、キャリア教育に対する当事者意識を少しでも高めてもらうことが必要である。これまでも学校町会合同運動会、図書ボランティアによる図書館全日開館、保護者がコミュニティティーチャーとして補習参加、地区道徳公開講座、環境教育の講師等の日常的な関係構築があってこそ、職場体験

における受け入れ事業所の開拓、巡回等への協力へつながっていく。

また、学校サイドの課題として、教員に何ができるのかということがある。例えば生徒の職場体験でどのように成果・変化があっていかに有益なものであるかを、様々な形で地域社会に発信していく必要がある。地域の産業を見直す、保護者の仕事を見直す、家庭を見直すといった生徒の感想が発信されるだけでも協働の意識はさらに高まるのだが、その点だけでは十分ではないという課題がある。学校は良いことは発信するが、悪いことはなかなか発信せず、隠そうとする傾向がある。子どもの本当の姿を見せることで、将来の地域を支える社会人を育成するために何が必要かを共に考えることができるのである。

また、地域力（地域の教育力）をどれだけ知っているかということも重要である。学校は、積極的に隠れている地域力を引き出そうとしなければならない。それぞれが持っているばらばらな力をどうまとめていくかに学校の手腕が問われている。キャリア教育推進の課題として、保護者への情報提供による信頼関係の構築、地域との日ごろからの関わりが大きな意味を持つことになるのである。

③産業界との連携の課題は何か

地域を本気にさせるという視点でいえば、地域企業と職場体験を通じて、キャリア教育を推進していくための支援組織を立ち上げることなども有効な方法だろう。例えば、前任区の大田区で行っている「学職連携ネット」は企業の方々の教育参加で、当事者意識を持たせる上での先進的な取り組みではないかと思う。しかしながら、全国的に見ればこのような支援組織の立ち上げが十分に行き渡っていないことが課題ともいえる。また、学校が職場体験を一方的にお願いするという意識であれば、企業側は「では協力しようか」という程度の意識になる。しかし冒頭でも述べた通り、キャリア教育が職業人とともに地域を支える社会人の育成をねらいとするのであれば、企業側も依頼があれば協力は惜しまない程度では、あまりにも消極的過ぎる。むしろ将来の社会人を協働で育成するという双方向の課題への取り組みという視点になることが重要と考える。また、教員レベルで産業振興会等に協力を依頼することはなかなか難しく、区（市）レベルで言えば区（市）と産業振興会がこれまで以上に協力して、学校を支援する体制をつくることも課題といえる。

④研修等を通じた実践する教師の力量アップ

学校では、教員自身が５日間の勤労留学（職場体験）を自ら生徒として経験した率は低い。多少市区町村によっても違いはあるが、全教員が体験している訳ではないのだから全国的な規模で考えればまだまだ時間がかかる。教職員側でも成熟しきれていないのが現状であり、教員そのものがまだまだキャリア教育を支える力が弱いと感じている。その点で学校ではなかなかキャリア教育が進まないとも考えられる。

教員の力量アップということで言えば、ひとつは月並みだが研修を積み重ねる必要がある。進路指導主任研修等でキャリア教育の進め方のノウハウを学ばせ、自校で拡げるという地道な活動を続ける必要がある。

ふたつ目は、校内の教員組織の連携、行事連携というものを機能させること。まさに「つながり感」である。全校体制で取り組む中でOJTを意識しながら人材育成を行うことが大事である。

⑤諸団体にわたるキャリア教育支援の施設や組織の必要性

受け入れ事業所を本気にさせることが保護者、学校をも本気にさせる。本校ではこれまでショッピングセンターのセンター長から店長会組織を動かすことを行ってきたが、連合組織との連携が職場体験を活性化させることにつながることも多い。何年か経てば事業所を支える大人になる社会人、職業人を育てるという意識を共に持たなくてはならない。教育と地域づくりは共利・共生の関係である。キャリア教育の推進は学校だけでなく、地域づくりがないと進まないと実感している。

⑥小中一貫教育の必要性

小中学校の一貫教育については各地で研究が進められている。教科指導とともにキャリア教育においても、今まさに小中学校の連携が求められているときではないかと考える。校長として着任した前任校では、実際に小中学校が協働して９年間の義務教育の「キャリア教育学習プログラム」を作成し、実践に移すことを行ってきた。小中学校の教員間で協力した取り組みや交流活動などがスムーズに進行するためには、共に同じ視点でキャリア教育推進の意識を高めることが重要である。今後、小学校で行われたキャリア教育をさらに中学校で高めるというプログラムができなければ、なかなか先に進まない。中学校のキャリア教育の推進には小中の連携、小学校のキャリア教育が進むことが前提で、そのような実践がごく一部の地域に限られていることもまた課題のひとつである。

現在、小学校と中学校を兼務する小中一貫校が設立される傾向があることや、管理職が人事の関係で中学校から小学校への校種を超えた異動が増えてきており、小中一貫教育の中でキャリア教育を推進するには好機と捉えることもできる。今まで以上に小中学校のキャリア教育の質を高めるための研修、連携、情報交換等を全国展開できる時期がきているのではないかと感じている。今後、さらに各都道府県の小中学校の実践をこれまで以上に情報共有していくことがキャリア教育を加速させることになると考える。

キャリア教育推進の基礎となる学校経営方針と組織づくり

1．学校経営方針に位置づけるキャリア教育の全体像

中学校でのキャリア教育をどう捉えて推進していくかを考える前に、ここでは学校経営者である公立中学校の校長としての経営戦略を述べる。これまでの要点を少々重複して示すが、公立中学校とて学校選択制度が多く実施されている今、学校間の横並び意識はこれまでほど強くない。各校が特色を示し、教育の質や個性をアピールする時代に入ったといえる。公立中学校とて校長が経営ビジョンを示し選ばれる時代に入ったのである。つまり、学校経営者としてのイノベーションである校長の発想、学校経営戦略の具体性こそが、学校組織を大きく変貌させる決め手となる。

ニート・フリーター問題、離職率の増加、不況の影響を受ける就職戦線等の現在の社会の厳しい現実を見たとき、小中学校の義務教育段階から、変化する時代を力強く生き抜く力を育成するキャリア教育の推進が極めて重要なものと考える。このような時代だからこそ将来を見通し、社会生活に強く順応できる力を育てなくてはならない。そのために校長として、全ての教育活動においてキャリア教育の視点を取り入れる学校経営こそが必要とされている。

当然、そのベースとなるのが学校経営方針である。学校経営方針の柱は常に「全教育活動をキャリア教育の視点で捉え、基礎的・汎用的能力を育成する学校」としている。また、キャリア教育を具体的に捉えにくいという教職員もおり、本校では、キャリア教育を「全教育活動を通じて社会人・職業人・地域人を育成する教育」と定義して示した。これまでの教育活動もこの視点で見直していくと、例えばこれまでも行われていた朝の挨拶運動は社会人の基本である挨拶指導となり、環境ボランティア活動は地域を支える地域人の育成と捉えキャリア教育のひとつと位置づけていったのである。このことが学校組織全体で、これまでの全教育活動をキャリア教育の視点で見直す方向へと大きく動き出したのである。

３年間に及ぶキャリア教育の教育指導計画を見たとき、その中心は必ずしも５日間連続の勤労留学（職場体験）とは捉えていない。職場体験は、キャリア教育のひとつの取り組みではあるものの、重要なことは、むしろ全教育活動においてキャリア教育の視点を盛り込むことであり、その指導方法の工夫こそがキャリア教育推進に結びつくと考えている。

当然、中学校はどこも皆同じ環境にある訳ではない。それぞれの学校が抱えている課題、状況、環境の違いを上手に生かす個々の工夫が求められている。

２．学校経営者としてキャリア教育を推進する具体策

①校長のリーダーシップとコア人材の育成（キャリア教育視点で教育課程を充実させる）

教育課程にキャリア教育の視点を取り込み、教育活動を改善するには、学校経営方針の中にキャリア教育の施策をしっかりと位置づける必要がある。さらに目標達成のために組織的な実践を積み上げるには、推進役となる指導的立場の教員（コア人材）の存在が不可欠である。当然、研修等を通じて人材育成を行うが、一方でこれまでの校務分掌とは別に課題を焦点化させ、中心となって担当する役割を設定し、職務を通じて人材を育てることも必要である。加えて分掌の横断的な役割分担は、様々な課題解決への近道ともなる。まさにOJTの手法である。

②キャリア教育の定義を共通理解し、教育活動の範囲を拡大

着任後すぐに学校経営方針の柱はキャリア教育の推進であることをプレゼンテーションし、教職員にキャリア教育の定義を共通理解させる。この共通理解こそが組織的な実践を生み出す。キャリア教育を「地域人・社会人・職業人」の育成と定義し、この３つの人を全教育活動で育成すると示した。これまで行ってきた環境学習や宿泊行事における企画等の断片をこの視点でつないでいく。また、基礎的・汎用的能力の育成は行事にとどまらず、各教科指導においても明確に位置づけていく（詳細は別項で示す）。授業の質を変え、日常的にキャリア教育の視点が意識化されることで、とかく職場体験に限定されがちだったキャリア教育の範囲を拡大していく。

③意図的・計画的にキャリア教育を学ばせるしかけ

キャリア教育に向けた教員の資質向上という点では、教育委員会主催の研修会や各研究会への参加を奨励する必要がある。特に進路指導主任会で行われる研修はその自治体が目指す方向性の情報を共有し、各校の共通認識を深めるという点で成果を発揮する。荒川区で取り組んだ完全５日間の職場体験実施に結びつける準備段階でも大きな支援となった。また、全国進路指導連絡協議会が主催する全国大会では、毎年各地域の個性あふれる多くの実践事例が報告され、すぐに応用できるものも多くある。そういう場に計画的に参加させることが、自校に持ち帰り、キャリア教育を確実に拡げるための学びの機会となり、推進の近道となる。コア人材の育成は、校内の教員組織を連携させることや行事をつなぐことを主導する力ともなる。これこそまさに「つながり感」である。全校体制で取り組む中で人材育成（OJT）を行うことが重要である。本校では『特命担当』という通常の校務分掌にこだわらず、横断的にキャリア教育を実践させるリーダーを配置して特色ある行事に取り組ませている。

④校内組織を生かし、全ての行事に当事者意識を持たせる取り組み

・校内組織のつながり感を生かす

５日間の勤労留学（職場体験）が始まった９年前、受け入れ事業所の獲得にはどうしても管理職が中心になるという空気があった。また、次の段階として該当学年の学年行事的な発想があり、他学年の教職員は我関せずという傾向も強くあった。しかし同じ地域で継続的に実施しなければならない勤労留学は、地域と学校の良好な関係が前提となり、継続性を考えれば、ひとつの学年の学年行事的な発想で該当学年が対応すれば良いという訳にはいかない。そこで下図のように、進路指導主任を中心として主幹、各主任、教諭も加え、どの学年が実施の際も何らかの形で関わりをもつ全校校内体制を構築した。地域の受け入れ側から見ればいつも見える顔が同じで、そのことが長期的な取り組みへと繋がっていく。５日間連続の職場体験の実施に向けては、組織ぐるみの地域対応が大きく前進させる要因となった。また、それまでどちらかというと地域対応は管理職任せであった教員が受け入れ事業所に依頼するという目的で地域人材と対話し、受け入れの有無に関わらず人間関係を構築できたことは思わぬ副産物であった。組織的な動きは、５日間の職場体験が終了すると間もなく次の年度の受け入れ事業所確保に向けて、他学年の教員とともに地域まわりを始めるのである。校内組織の組み替えによる当事者意識の高まりは、キャリア教育推進への参画意識へとつながる。また、地域との組織的な対応は、地域の声を吸い上げ、将来の地域人材育成に向けた教職員の意識の高まりへとつながる。

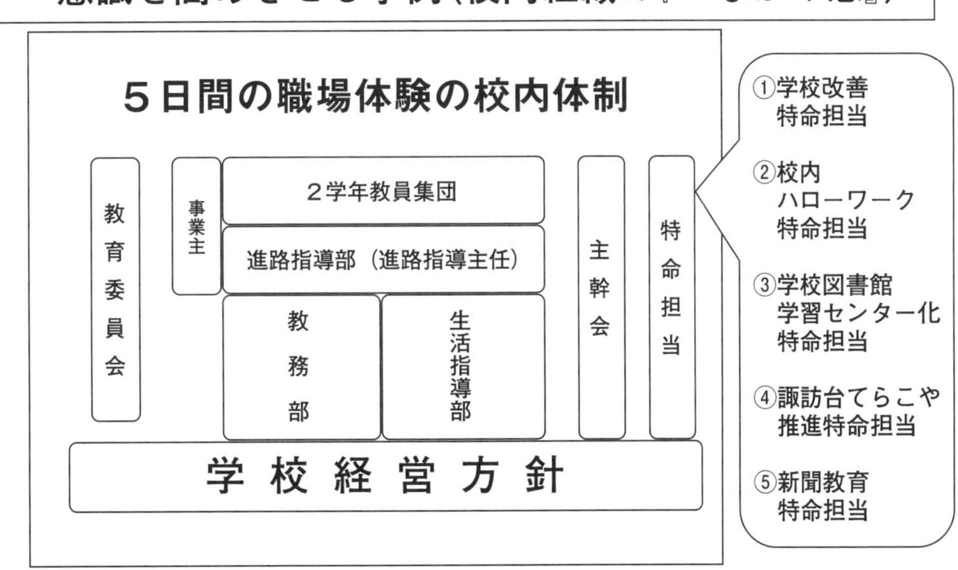

・校務分掌を活性化させる特命担当の役割

学校行事が増えると教職員には多忙感が増し、勤労意欲が減退することがある。一方で「目指す学校像」「育てたい生徒像」を考えると欠かせない行事も多く存在する。年間の授業時数を確保しながら、必要な行事を効率よく実施する必要がある。また、校長として学校経営の中で重点的に推進していきたい部分はスピード感を持ち、効率的に進める必要がある。そこで校長として本来ある校務分掌の他に、学年組織や校務分掌にこだわらない特命担当を任命し、分掌とは別組織で関わる形で実践している。

特命担当が年間の教育課程をにらみながら早めの準備を進め、課題の焦点化と時間の効率化を図っている。月並みだが、教育課程の推進にはコア人材の育成こそが管理職に課せられた重大な使命と考える。学校の課題に焦点を当て特命担当を中心に教職員に対策の徹底を図る。例えば学校図書館の学習センター化に向け、図書館教育特命担当を置き、来館者数、貸出数、開館日等の数値目標を決め、実現に向けて検証する。キャリア教育のひとつの行事である「校内ハローワーク」では、30業種以上の講師との折衝は年間を通じて校内ハローワーク特命担当が受け持つ。そして最終段階で素案を練り上げ、一般教員の指導にあたる。その他、校務改善特命担当、諏訪台てらこや（夜間補習授業）特命担当、新聞教育推進特命担当を任命して校務を分担させ、効率化、焦点化を図った。このようにキャリア教育を中心に据えた学校教育全体の改善、教育課程の効率的な実施に向け、特命担当教員が力を発揮している。

3．地域人材といかに関わる学校組織であるか

①地域や保護者との連携と学校組織づくり

近年、各企業では、教育活動に対して門戸を開き、積極的に働きかける傾向がある。全国を見渡せば大変参考になる事例も数多く存在する。しかし、全国各地でなかなか５日間連続の職場体験の実施が進まない現状を考えると、キャリア教育に対する理解が十分に進んでいない地域も多いと思われる。地域社会が学校のキャリア教育に対して積極的に働きかけることを期待するためには、日常的な地域とのつながりが一層重要である。教育活動で様々な取り組みを企画する際、地域とのつながりがいつも期待できる関係づくり、いわば「つながり感」を意識できる関係に向け、学校としての努力が必要となる。５日間の職場体験でいえば、進路指導主任を中心として進路指導部が組織全体をリードする形を示したが、日頃からの防災訓練、地域の祭礼行事、地域ボランティア等、地域行事に積極的に参加することで人間関係を構築することから協力関係が生まれるのである。都合の良い時ばかり一方的に依頼することは、継続的な取り組みにはつながらない。また、後述の実践

事例でも示すが、常に地域、保護者と連携する関係を維持するためには、学校組織として相手側の立場に立った働きかけが重要となる。「勤労留学」では、実践する２年生に向けて３年生による「勤労留学交流会」を実施する。前年度地域の受け入れ事業所の皆さんにご指導いただいたことを今年度実施する２年生に伝えるしくみである。受け入れ事業所と学校との継続的な関係を維持していくために、前年度の事業所のご指導は次の年に生きているという姿勢を示すことで、受け入れた際の指導が成果を発揮しているという成就感へとつなげる具体策である。このような取り組みもまた単発的なものではなく、組織として進路指導主任を中心とした継続的なものでなくてはならない。

地域や保護者に対して協力いただく場面で、単に協力を依頼するだけでなく、例えばキャリア教育とは何か、職場体験は何のために実施するのか、業種ごとに５日間の職場体験モデルプランの例を示すリーフレットを作成し、交渉にあたる。それまで培った信頼関係と学校教育が目指す方向性をしっかり示すことで協力関係が一層確かなものとなっていく。進路指導主任を中心とした学校側の共通した地域への働きかけ、特命担当が窓口となり常に学校側の目指す方向性を示すことがしっかりとした連携に結びついていく。信頼関係という点でいえば、事前の打ち合わせの重要性は言うまでもないが、事後にその取り組みでどのような成果を上げたのか、生徒の変容や教員が確認した成長の度合い等をわかりやすい形で示していくことが次の年度への協力につながっていく。

②諸団体によるキャリア教育支援と支援組織の必要性（センター長、商工会議所）

学校教育で進めるキャリア教育は学校組織や教員が担うべきものである。さらに社会の実態、また、仕事の楽しさ、仕事に対する世の中の厳しさなどを生徒に伝える場面においては、教員以外の外部人材の協力があることで子どもたちの心に迫ることになり、より大きな成果が期待できる。近い将来、日本の社会・経済を支えることになる子どもたちに、社会人としての仕事の厳しさ、充実感、達成感等の実態を直接伝え、結果として学校生活での学ぶ姿勢にフィードバックすることや進路選択に気づきや考える機会を与えることは、学校や家庭のみならず、地域・社会・産業界が連携して担うべき重要な役割である。

学校側が何かを企画し、外部人材の協力を求める際、どこにどのように働きかけてよいかわからずに前に進まないことがある。教職員は残念ながら学校という世界にのみ生活しているものが多く、外部人材とのネットワークを生かす折衝術を駆使することを決して得意とはしていない。また、地域との関係という点でも範囲が限られてしまうことも多い。そのようなことを解決するために地域企業と職場体験、ゲストティーチャーによる講話等キャリア教育を推進していくための外部支援組織を立ち上げることなども有効な手段である。そのことで安定した外部の情報提供が得られ、何ができて何ができないのかを明確にすることができるとともに、それまで限られていた人脈の範囲も大きく広げることも期待できる。また、管理職や進路指導主任を中心として、大きな企業のセンター長や商工会議所の方々と折衝する外部組織の活用もまた成果を発揮する。協働ではあるが、学校が中心となりながら、いかに役割分担を明確にしていくかが行事の成功を左右することになる。

③地域を生かした外部人材の活用範囲拡大

荒川区では平成19年度より全ての中学校で５日間の職場体験（勤労留学）を実施している。区の方針を実現するために本校では先進導入校として前倒しし、平成18年度より５日間の勤労留学を実施してきた。完全実施までの間、全ての学校で実施するための課題を解決するために担当校長として教育委員会とともに協力しながら準備を進めた。区内の商工会議所との折衝で安定した職場体験の業種を提供してもらうこと、区の行政機関である一定数の受け入れ事業所確保、実施に伴う交通費、必要な細菌検査費用等、予算面の確保と課題は山積していた。校長会では、実施時期の調整や経年で５日間の実施による受け入れ側の数の変遷を調査するなど、各校が総がかりで平成19年度の完全実施に向け準備を進めた。安定した実施に向け、各校で分担しながら５日間の職場別体験プログラム集を作成し、区内の中学校の共通財産として折衝にあたった。学校、行政、保護者が一体となって外部人材活用の範囲を広げていったのである。地域人材を生かすため、それぞれの中学校では組織的な人材発掘や人材バンク的な学校独自の財産を充実させている。

④ネットワークを生かす協働（キャリア教育）

義務教育段階においてキャリア教育推進のために外部人材を教育参加させることにはまだまだ抵抗感が強いため、なかなか浸透しない傾向がある。逆に一度外部人材を受け入れると次からは全権委任してしまう傾向がある。何もかも一任するのではなく、学校側の受け入れ体制を見直し、学校主導で教育活動に取り込むことが大前提となる。このような課題を解決するひとつの手法として、経済産業省の管轄である「キャリア教育コーディネーター」や、厚生労働省が管轄する「キャリアコンサルタント」等の専門的な能力を有する人材と協働することで、バランスの良い取り組みへと発展させることもできる。今こそキャリア教育推進に向けたネットワークづくりが求められている。今後、キャリア教育を大きく前進させる要因のひとつといえる。

以上のような様々なつながりを生かすことが、小中学校におけるキャリア教育の定着へと導くのである。

第２章

職場体験編
（勤労留学）

◆◆◆◆◆◆◆◆◆◆◆◆◆◆◆◆◆◆◆◆◆

実践記録

◆◆◆◆◆◆◆◆◆◆◆◆◆◆◆◆◆◆◆◆◆

現在、全国的に見れば職場体験はかなり高い率で実施されている。しかし、5日間連続となると様々な課題があり実施が難しい地区もある。荒川区では、5日間連続の職場体験を勤労留学と呼ぶ。平成18年度に本校が5日間連続の職場体験先行実施校として指定され、実践に歩みだした。ここでは9年前に取り組んだ、勤労留学の開始当初の状況を具体的に紹介する。

1．荒川区立第三中学校、5日間の勤労留学実施の記録

①教員間の目的意識や過程の明確化（年度初め：4月）

生徒に勤労体験学習を行わせるにあたり、何を学ばせたいのか、何を身に付けさせたいのかをはっきりと打ち出す。それにともない、事前から事後のまとめに至るまでの手順を理解する。

《ねらい》

・生徒に勤労の喜びと苦労の大切さを、身をもって実感させる。

・人は、多くの人々の支えを受けていることを理解させる。

・地域の事業所、店舗を中心にお願いし地域ぐるみによる教育活動の地盤を築く一端とする。

・前年度までの資料整理と受け入れ事業所の確認、条件等を確認する。

②事業所、店舗への趣旨説明と協力のお願い回り（6月初旬～）

「実施要項（次ページ）」と「前年度の資料（冊子の抄）」を封筒に入れ、前年度お世話になった事業所と、地域の事業所や店舗に挨拶に伺い、協力のお願いにまわる。生徒数増にともない、従来の協力事業所に加えて新規事業所が求められるため、原則として地域全ての事業所や店舗をまわるように心がける。挨拶状には、学校側の担当者名を明記し、連絡を受けやすいようにしておく。

③体験事業所、店舗の決定（6月下旬～7月上旬）

勤労留学受け入れ可能の回答をいただいた事業所へ「受け入れのお礼とお願い」と「連絡用紙（注意事項を記入していただく）」を持参する。生徒に示す事業所からの条件や注意事項を「連絡用紙」に記入していただく。

平成１８年６月

荒川区立第三中学校
校長　清水　隆彦

平成１８年度　勤労留学実施要項

1．実施目的

将来の社会人である中学生に、民間企業等への勤労留学を行うことにより、望ましい社会性及び勤労観・職業観を育成することを目的とする。

（1）将来自分がつきたい職業についての意識を高める
（2）働くことを通して、社会性を身につけ、勤労の喜びを知る
（3）職場での勤労を通して、人と人とのかかわり方等を学ぶ

2．日時

・平成１８年７月２４日（月）～　２８日（金）

3．体験時間

・午前９：００～４：００まで（職場によって異なる）

4．実施人数

・男子３７名、女子４０名　計７７名

5．体験場所

・別紙参照

6．実施方法

・２～３名ずつに分かれて、各職場の内容を勤労体験する

7．その他　注意

①　各職場での約束ごとを必ず守る
②　各職場では挨拶、言葉遣いなど礼儀正しくする
③　各職場への通勤時は、交通安全に十分注意する
④　職場での軽はずみな行動をひかえ、周囲に迷惑をかけないように留意する
⑤　各職場への交通費は事前に支給する
⑥　昼食は、原則としてお弁当を持参する
⑦　自転車の使用を禁止する
⑧　各職場へは、体験する生徒の氏名・住所・連絡先を事前にお知らせする
⑨　欠席連絡は、本人（保護者）が職場と学校へ連絡をおこなう
⑩　服装は、原則として標準服とする
⑪　生徒は、各職場と事前打ち合わせをし、通勤経路・持ち物・服装・昼食・体験内容の確認をおこなう。打ち合わせ予定日２０（水）２１（木）２２（金）
⑫　勤労留学５日間の出欠は、１学期の授業日数の出欠に入れる

④生徒の配置決定（７月上旬）

希望調査→調整→再調査→決定

希望調査は、第５希望まで必ず書くようにして、調整を行い、決定前に全生徒に状況を説明して理解させる。その上で再調査を行い、決定する。事業所へ生徒氏名を含めた挨拶状を届ける。保護者に向けてお知らせを配布。

⑤事前学習（７月上旬）職場調べ

それぞれの生徒がお世話になる事業所やその職種について、インターネットを使って調べ学習を行う（自分が世話になる職場や職種について知っておくということは、最低限のやるべき準備、マナーであるということを理解させる）。

・履歴書作成……自分自身を振り返り、自覚を持たせる。

・敬語の訓練……国語の授業とリンクさせて敬語（尊敬語と謙譲語の違いに重点を置く）を学習する。

⑥事前打ち合わせ（７月中旬～）

・職員、生徒の同伴で挨拶に向かう。生徒は、履歴書を持参し、事業主の方に渡す。「打ち合わせメモ」に記入をしながら、体験日初日から支障のないように心構えをつくる。

【事前打ち合わせの注意】

◎　出かける前の準備「身だしなみは、心の表われ」。

・頭髪　・服装　・持ち物（筆記用具、総合ファイル、履歴書、ハンカチ、ティッシュ）

・サブバッグ持参で！

◎　打ち合わせをするとき

・事業所、お店に入る前から気持ちを勤労モードに切り換える。

・姿勢を正す、服装を整える（汗ダラダラなんてみっともない）。

・建物に入る時点でしっかりと礼をできるようにする（礼、挨拶、会釈、返事）。

・紹介を受けたら、しっかりと挨拶と自己紹介。　（例）「こんにちは（おはようございます）。荒川三中２年生　○○○○○です。お忙しいところ、お世話になります。履歴書を持参いたしました。よろしくお願いします」。

・促されるまでは、勝手に座らない。

・質問には、はっきり答える。　（例）「はい、～です」。

・聞きたいこと、疑問に思っていることがあったら事前に用意しておく。いろいろなことをよく理解した上で職場に臨むこと。

◎　打ち合わせを終えて

（例）「忙しいところ、ありがとうございます。24日から頑張りますのでよろしくお願いします」。

・帰りの挨拶、一礼「失礼いたしました」を忘れずに。

《荒川消防署が独自で作成した受け入れ計画書》

職場体験計画

日程	9:00～9:30	9:40～10:40	10:50～12:00	12:00～12:45	12:45～14:10	14:20～15:30	15:40～16:00
7月25日 （火） 3部	オリエンテーション ・自己紹介 ・体験計画、注意事項の説明 ・施設見学、消防署の仕事の説明		119番通報から災害対応までの流れ ・119番通報から災害指令まで ・署隊本部の機能 ・各警防計画	昼食	災害出場の指令 ・通信・受付勤務体験	火災調査 ・出火原因 ・住まいの防火ポイント ・火災原因調査の要領 （署内で説明） ・特異火災の紹介	帰宅準備 日誌 片付け 清掃 着替え等
担当	指導調査係		指導調査係		当直主任	指導調査係	指導調査係
7月26日 （水） 1部	朝礼 ・体験者の体調確認 ・当日の体験内容の説明	体力錬成・消防活動体験等 ・体力錬成 ・放水体験、クンレンダーによる訓練 ・ホース洗浄、乾燥、収納 ・車両の機能（資機材の説明） ・車両整備（ワックスがけ等） ・その他		昼食	体力錬成・消防活動体験等 （午前に続く）		帰宅準備 日誌 片付け 清掃 着替え等
担当	汐入出張所	汐入出張所			汐入出張所		汐入出張所

日程	8:30～9:30	9:40～12:00	12:00～12:45	12:45～14:10	14:20～15:00	15:10～15:30
7月27日 （木） 2部	交替・交替時点検 出場訓練見学 ・体験者の体調確認 ・点検内容等の説明	立入検査等 ・管内の査察対象物の概要 ・立入検査等の要領（模擬検査） ・その他	昼食	住宅用火災警報器の説明 ・住宅用火災警報器の普及チラシ作成 ・職場体験を通した感想文の作成		帰宅準備 日誌 片付け 清掃 着替え等
担当	当直主任	査察係		指導調査係		指導調査係

日程	9:00～12:00
8月7日 （月） 3部	救命講習（3時間） （中・高生に対する救命講習会「サマー・チャレンジ」） 本署4階防災教室及び体育館にて実施
担当	救急係

《東京地下鉄千住運転事務室作成の受け入れ計画書》

平成18年7月18日

受け入れ職場名　　東京地下鉄株式会社　千住運転事務室

2年勤労留学　　職場体験スケジュール予定

24日（月）	25日（火）	26日（水）	27日（木）	28日（金）	備考
千住運転事務室	千住運転事務室 千住車掌事務室	千住運転事務室 南千住駅	千住運転事務室 千住検車区	千住運転事務室 千住検車区	
9:00 挨拶 ～ 東京メトロ 10:20 及び千運 概要説明	9:00 挨拶 ～ 千住車掌 10:30 事務室 概要説明	9:00 点呼見学 ～ 挨拶 10:30 駅務管区 概要説明	9:00 検車区へ ～ 移動 10:30 検車区 概要説明	9:00 検車区へ ～ 移動 10:30 PRC装置 見学	
10:20 千住車両 ～ 基地へ移動 12:00 運転台見学	10:31 中目黒地 ～ 移動 12:01 折り返し作業 等見学	10:30 管理駅の施設 ～ （バリア 12:00 フリー） 等見学	10:30 車両見学 ～ 12:00	10:00 車両清掃 ～ 見学 12:00 車両見学	
12:00 昼食休憩 ～ 13:00	12:00 昼食休憩 ～ 13:00	12:00 昼食休憩 ～ 13:00	12:00 昼食休憩 ～ 13:00	12:00 昼食休憩 ～ 13:00	
13:00 乗務区及び ～ 宿泊設備 14:00 等見学	13:00 移動 ～ 客室より 14:00 車掌作業 見学	13:00 事務室設備 ～ 及び 14:00 自動改札機の 仕組み説明	13:00 車輪添削 ～ 見学 15:00	13:00 構内運転添乗 ～ 自動洗浄体験 14:30	
14:00 出勤点呼 ～ 見学 14:20	13:30 地下鉄博物館 ～ 見学 15:00	14:00 インフォメー ～ ション 15:00 係員作業見学	15:00 質疑応答 ～ まとめ 15:40 移動 （千運へ）	14:30 質疑応答 ～ 移動 15:30 千運へ	
14:20 運転士になる ～ には 15:00 （運転免許に ついて）	15:00 移動 ～ 客室より 15:30 車掌作業 見学（帰区）	15:30 質疑応答 ～ まとめ 16:00		15:30 まとめ ～ 16:00	
15:00 質疑応答 ～ まとめ 16:00	15:30 質疑応答 ～ まとめ 16:00				

※事業所によっては５日間の職場体験プログラムも準備されているところもあった。

⑦勤労留学実施（7月24日～28日）

・全事業所、店舗に必ず一日に一度は教員が挨拶に伺う。

・生徒は、一日を終えるたびに必ず日誌・報告書を作成し、保護者の点検を受ける。

・最終日には、勤務状況アンケート（後日郵送、FAXにて回収）を持参し、お願いする。

⑧日誌の点検、お礼状の作成、事後まとめ（9月初旬）

・各事業所や店舗から回収したアンケートを集計し、個人と全体へ意見を還元できるようにまとめ作業を行う。

・５日間の日誌（自己評価、保護者からの意見を含む）の点検。

・各事業所への礼状を作成。

・B4サイズ一枚で個人新聞的まとめシート（冊子用、掲示用）の作成。

⑨個人面談（9月初旬～中旬）

・放課後の時間帯を用いて、生徒一人ひとりと担任が勤労留学を振り返る個人面談を行う。

・事業所からのアンケートをもとに自らを振り返り、評価されたこと、改善を望まれたことをそれぞれが真摯に受け止め、今後の生活に生かせる機会となることを目的とした。

【面談の中で「あなたにとって仕事とは？」に対する生徒のひと言】

・知らない多くの人と接することができる機会。　・大変なこと。

・生きるために必要なもの。　・楽しく自分の好きなことができれば幸せ。

・人として生きるため、世の中の役に立つため。

・自分を甘やかさずに厳しく向かうもの。　・せざるを得ないもの。

・自分で選ぶ人生。　・社会にとって役に立つこと。

・客がいなくても気を張れ。　・大人になってからの生き甲斐。

・やりたいからやるもの。　・自分にとって勉強になり、学び合えるもの。

・好きでやるもの。　・人のためになること。　・人間関係が大切。

・楽しむ場、生活を支えるもの。　・命の現場。

・必ず言われた通りやらなければならないこと。　・やりたいこと。

・経験して、自分を成長させていくもの。　・お金稼ぎ。

・自分のため家族のためお客のため。　・厳しいもの。　・大変だけど楽しいもの。

各事業所、店舗の皆様

アンケートのお願い

　お忙しい中にもかかわらず、約１週間の長期にわたり生徒をご指導下さり誠にありがとうございました。何かとご迷惑をおかけしたことをお詫び申し上げます。

　加えてのお願いですが、今後の生徒指導への参考や次年度に向けての反省をする上で、みなさま方からのご意見やご指導を頂戴致したいと思っております。複数の生徒でお世話頂いた場合、個人につき１枚でも、まとめて１枚でも構いません。お手数をおかけしますが下記の各欄にご記入頂き、封書内にある切手を貼られて郵送して頂けましたら幸いです。

　なお、ＦＡＸにても構いません。その際には、封書内の切手はご笑納頂き他用にご利用下さい。何卒宜しくお願い申し上げます。

荒川区立第三中学校　　清水　隆彦

事業所名	御担当

生徒名

それぞれの項目に○をお付けください。
（特に何かひと言ありましたらそれぞれの枠内にお書き添え下さい。）

1　挨拶、返事　＜ａよくできていた　ｂ特に問題なし　ｃあまりよくない　ｄ悪かった＞

2　声の大きさ　＜ａ大きな声が出ていた　ｂ特に問題なし　ｃあまりよくない　ｃよくない＞

3　時間の意識　＜ａよく意識していた　ｂ特に問題なし　ｃあまりよくない　ｄよくない＞

4　仕事への意欲＜ａよかった　ｂ特に問題なし　ｃあまりよくない　ｄよくない＞

5　ことばづかい＜ａよかった　ｂ特に問題なし　ｃあまりよくない　ｄよくない＞

6　責任感＜ａよかった　ｂ特に問題なし　ｃあまりよくない　ｄよくない＞

7　身なり服装　＜ａよかった　ｂ特に問題なし　ｃあまりよくない　ｄよくない＞

その他、何かお気づきの点（いい面、改良を要する点）がありましたらお書き添え下さい。

ご協力ありがとうございました。

◆勤労留学を終えて◆（自己評価＆アンケート）

＊５日目終了後、すぐに記入しておきましょう。

チェック項目 （5　大変よくできた　←←　　→→　1　できなかった）		自　己　評　価
1	自分からすすんで仕事に取り組んだ。	5　4　3　2　1
2	時間を守ることができた。	5　4　3　2　1
3	きちんと顔をみて職場の方の話を聞くことができた。	5　4　3　2　1
4	しっかりと大きな声であいさつができた。	5　4　3　2　1
5	注意されたことを５日間でなおすことができた。	5　4　3　2　1
6	仕事の楽しさ・よろこびを感じることができた。	5　4　3　2　1
7	仕事の厳しさ・つらさを感じることができた。	5　4　3　2　1
8	楽しく働くことができた。	5　4　3　2　1
9	「働くこと」について考えることができた。	5　4　3　2　1
10	自分が立てた目標を達成できた。	5　4　3　2　1

アンケート項目		回　答
1	勤労留学で自分が変わったと思うことがありますか。 「はい」と答えた人はその内容を書こう。	はい　・　いいえ
2	勤労留学中に、自分のよさをみつけることができましたか。 「はい」と答えた人はその内容を書こう	はい　・　いいえ
3	職場の方に教えて頂いた大事なことを書いてください。	
4	勤労留学をやってよかったと思いますか。 「はい」と答えた人はその理由を書こう。	はい　・　いいえ
5	勤労留学中に、あなたが努力したこと、がんばったことを書いてください。	
6	あなたの反省点、今後のあなたの課題を書いてください。	

保護者よりひと言（５日間の勤労体験を終えて）	確認印

⑩道徳授業地区公開講座（10月中旬）

・地域の方々を招いての授業

東京都では年に１回、道徳授業地区公開講座を実施している。そこで２年生は勤労留学の体験を生かすために保護者、地域の皆様の他、勤労留学の受け入れ事業所の皆様にも参加いただき、道徳地区公開授業を実施した。この年のテーマは、「きまり（ルール）と礼儀（マナー）」とし、グループ討論を行った。勤労留学に出向いた業種やジャンルごとに６～７人程度のグループに分け、勤労留学で経験した社会人としての経験や生活を振り返り、「ルールとマナー」について意見を出し合った。

それぞれのグループにアドバイザーとしてついてくださった、地域の大人の皆様からの意見をいただいた。まとめとして全体集会を行い、それぞれのグループからの意見発表を行った。これまである行事を生かす取り組みの例である。

道徳地区公開講座「人生の先輩を交えて『きまりと礼儀』を考える」
〜勤労留学を振り返って〜

班構成	きまりと礼儀の違い	〃 の共通点	〃 は何故必要	この仕事ならではのきまり
1 図書館 郵便局 消防署	きまりは従うこと。礼儀は、自分で考えること。	相手を思いやり敬うこと。	相手にいい印象を与え合い、ゆとりある生活をするため。	個人情報は、絶対に漏らさない。
2 病院 老人ホーム	きまりはルール。礼儀は、マナー。	相手にイヤな思いをさせない。コミュニケーション。	社会の形を保つため。	利用者さんのことを老人扱いしない。
3 保育	きまりは最低限やらなければいけないこと。礼儀は相手に失礼を与えないこと。	あいさつ。コミュニケーションをとるために必要。	まとまっていくことに必要だから。	爪や髪の毛は短めに。 エプロンは、必ず着用すること。
4 保育	きまりはみんなが守るべきこと。礼儀は個人個人が守るべきもの。	守るべきこと。	仕事をする上で、必要なことだから。	爪は切って長い髪はしばる。
5 ＴＶ 地下鉄 バス	きまりは自分自身を守るためのもの。礼儀は他人に不快感を与えないため。	どちらも、自分のことを評価するもの。	自分の身を守るため。人生は団体で生きていくのだから必要なこと。	個人情報の管理が大切。
6 ジム 理美容 ホテル	きまりは守らなくてはならないこと。礼儀は知っていてあたりまえの常識。	人間関係をよくするもの。 社会を混乱させない。	皆が嫌な気持ちにならないようにするため。安全に過ごすため。	プールを監視するときなどは、お客さんの目を考えて壁などにもたれかからない。
7 鮮魚 洋菓子 書籍等	きまりは守らなくてはいけないこと。礼儀は生活の中でしたほうがよいこと。	社会に出ても学校の中でもスムーズに動かす方法。	きまりがなければ皆勝手になる。きまりがあるからこそ守るしかない。	販売業では、ほとんどが制服である。
8 食品 薬局 衣類	きまりは守らなければならないこと。礼儀は自らすること。	両方ともしっかりやらないと、社会が乱れる。	モラルと常識を保つ。	その職場では、決まった服装がある。
9 電器 量販店 雑貨	きまり＋常識 ＝思いやり＝礼儀	皆で守らなければいけないこと。	相手に不快感を与えないため。	缶コーヒーを売るときは上のほうを持たない。 教わっているときは、その度に必ず返事を。
10 飲食店	きまりはその場ごとで変わり、礼儀は人間としてやって当たり前のこと。	人間としての自覚を失わないためのもの。どちらが欠けてもだめ。	みんなが気持ちよく不愉快にならないように過ごすため。	とにかく清潔第一。

⑪学習発表会（11月３日）

学校によっては文化祭という呼び方をするところもあるが、本校では学習発表会という名称で日頃の学習の成果を発表する会を実施していた。この機会に勤労留学でまとめた事前・事後学習の掲示物（個人新聞）や、模造紙にまとめたものを展示発表し、この取り組みの成果を全校生徒に向け広く公表した。また、舞台ではパワーポイントによるプレゼンテーションを交え、体験したことを報告した。部分的に勤労留学で初めて体験した事象、思わぬ苦労、感激したことなどを実行委員の生徒が台本を書き、勤労留学を振り返っての寸劇を交えて舞台発表を行った。

⑫問題点とその対応、残された課題

・協力事業所、店舗への感謝の意をどのように示すか。

企業や事業所及び店舗等は、収益という基盤の上でその活動が展開されることは言うまでもない。社会への還元、貢献も企業としてのひとつのテーマであるといわれるが、個人経営の店舗や企業のフランチャイズとして経営する立場では、なかなか社会貢献まで及ばないのが現実であろう。企業においても、同じことがいえるケースが多いはずである。そこへ、何も分からない中学生を５日間も迎え入れることは、相当のマイナス面を引き受けることにもなるはずである。作業能率も下がり、収益にさえ影響が出る。ボランティアというには、大きな負担となるであろう。

そのようなことを教職員が打ち合わせ段階で共通認識を持っていたため、この勤労留学の趣旨に賛同してくださった事業所及び店舗の皆様に対する感謝の意は尽きることがなかった。

協力への謝意として、区が謝金の手続きを考慮してくださった。謝金というよりも、生徒受け入れに要した費用の補填にと各事業所に対しては説明をして歩いたが、はじめから「一切必要ありません」と固辞されるケースや「上（本部）と相談してみます」と保留状態になる場合もあった。そして、受け取っていただく場合にも手続きの書類記入等で先方のお手を煩わせてしまいがちで、それさえもが負担になってしまうように見受けられた。今回、事業所や店舗の全ての方々が生徒の健全育成へ賛同して受け入れてくださったのだが、この謝金の説明に入る時には、それゆえにナーバ

スな空気になってしまう場面があったのも事実である。善意の協力と謝意の表わし方、一見簡単そうでありながら難しい側面でもあった。それを踏まえた上で次のような具体的提案をした。

〈具体的な提案例〉

①生徒の健全育成への協力をしてくださった事業所や店舗に対して、例えば区長（教育委員会）名で感謝状を贈呈するなど、行政としての謝意を表わす状況を設定する。その際に受け取り手続きの必要ない形で薄謝または、それに代わるものを謹呈させていただく。

②生徒の現状把握をもとに生徒集団の長所・短所の現状を認識し、同時に個々の生徒の現状把握を行った。新学期の開始にあたり、学年会で生徒一人ひとりについて意見を出しあう。

③立ち上げた活動が単発的に終わってしまうことのないように、次年度以降を見据え、順序立てた取り組みのマニュアルの基礎を最終的につくり上げることを目指し、関連書類はPCの同一ファイルに保存した。本年度の流れは、前年度の資料を参考にした。

④事業所や店舗が中学生の勤労留学受け入れを地域住民に公表することで、企業イメージの向上に繋がる。今年度全受け入れ先に教育委員会名入りのポスターを表示した。 受け入れ側の地域へのアピールにもなり、大変評判が良かった。次年度以降も各校で共通のポスター表示を継続する。

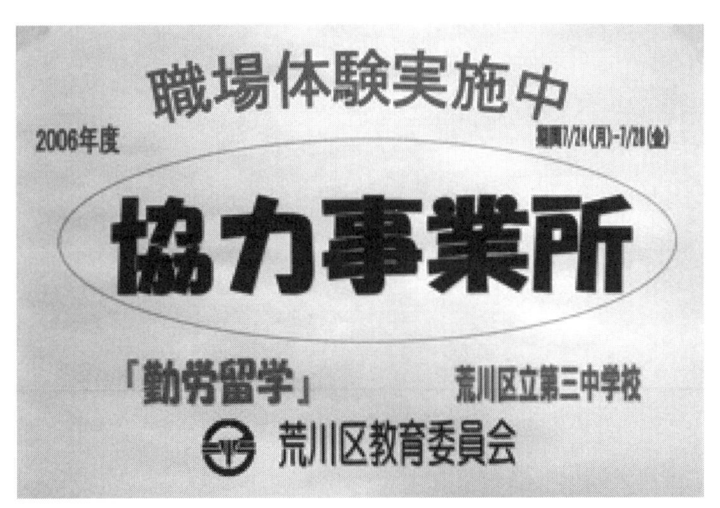

（各受け入れ事業所に掲示したポスター）

以上が５日間連続の勤労留学（職場体験）がスタートした、平成18年度の様子である。５日間連続の職場体験を実現するために、該当学年だけでなく学校組織全体で取り組み、進めていくことから始めた。当然、区内の全ての中学校が５日間連続の職場体験を実施する前年であったため、その後校長会では、実施時期の調整、行政関係の協力依頼、商工会議所の代表者との安定的な職場の提供についての協議を積み上げていった。また、全校共通のポスターや勤労留学実施中の卓上表示の製作等、進路指導主任会も交えて区全体で準備を進めていった。そして翌年、平成19年度から全ての中学校で５日間の勤労留学がスタートしたのである。

勤労留学生徒意識調査（事前・事後）の考察

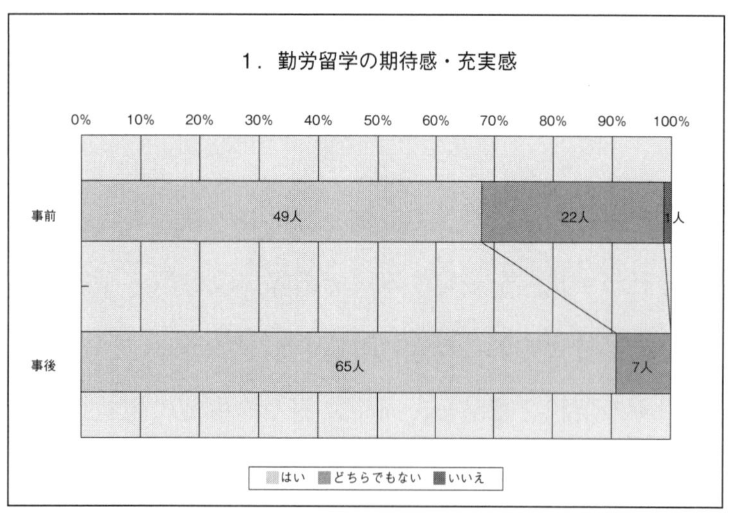

・70％程度の生徒は勤労留学に対して期待をしていた。90％以上の生徒が充実感をもって終了している。

勤労留学は生徒にとって期待以上の充実感があったといえる。

実施上の課題はあるが、職業観や勤労観の育成には勤労留学は効果があるといえる。

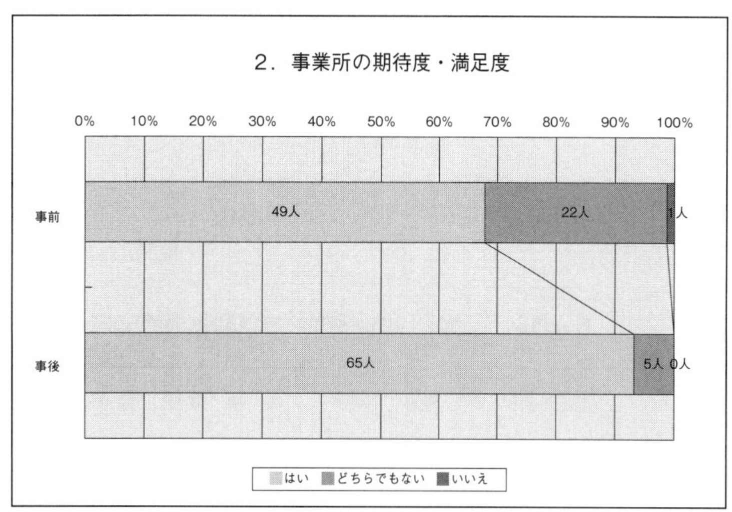

・事業所の決定は生徒の希望を中心に行った。受け入れ人数等から残念ながら希望に沿った配属にならなかった生徒がいた。このことから30％の生徒は満足していない状況が生じたと考えている。

事後の満足度は充実感とともに90％を超えた。

生徒の配属は希望をとりながらも個性や友人関係等を配慮して配属場所を決定した。

満足度は事業所のご協力の成果である。また、配属場所を決定するときに教員の配慮が必要で、そのことで満足度が上がるといえる。

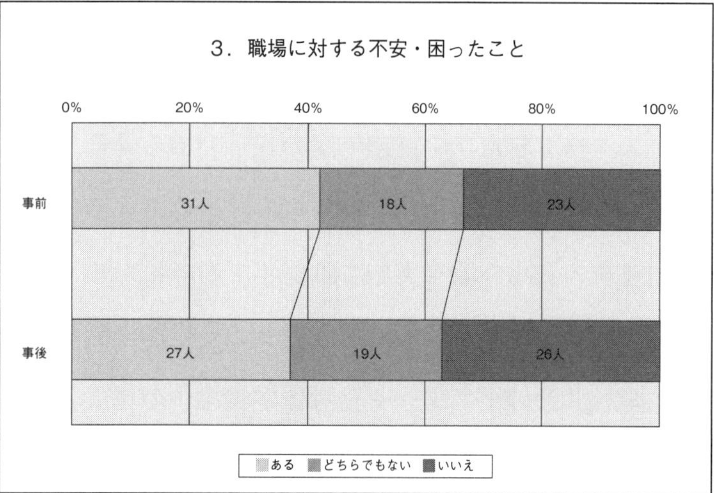

・未知の体験、想像の範囲外の体験であるため、事前の調査では不安をもった生徒が40％を超えた。

また、学校から社会の体験で困ったことに対する解決方法を見つけにくかったことから、実施中も不安や困ったことが多かったと考えられる。

これらの体験が、新しいことに立ち向かう課題であることを体験できたことは成果である。

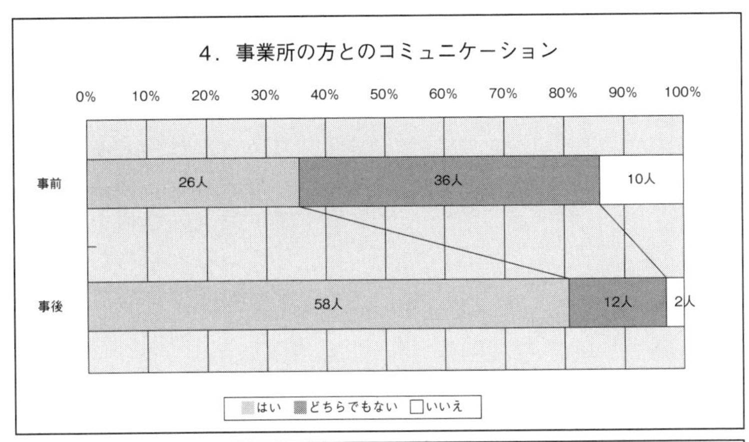

・事前の調査では事業所の方とコミュニケーションがうまくとれると考えていた生徒は、約35％であった。事後は80％を超える生徒がうまくとれたと答えている。

近年、中学生のコミュニケーション能力や人間関係調整能力の不足が課題とされているが、体験的な学習を通してこれらの能力に自信をもたせられることがわかった。

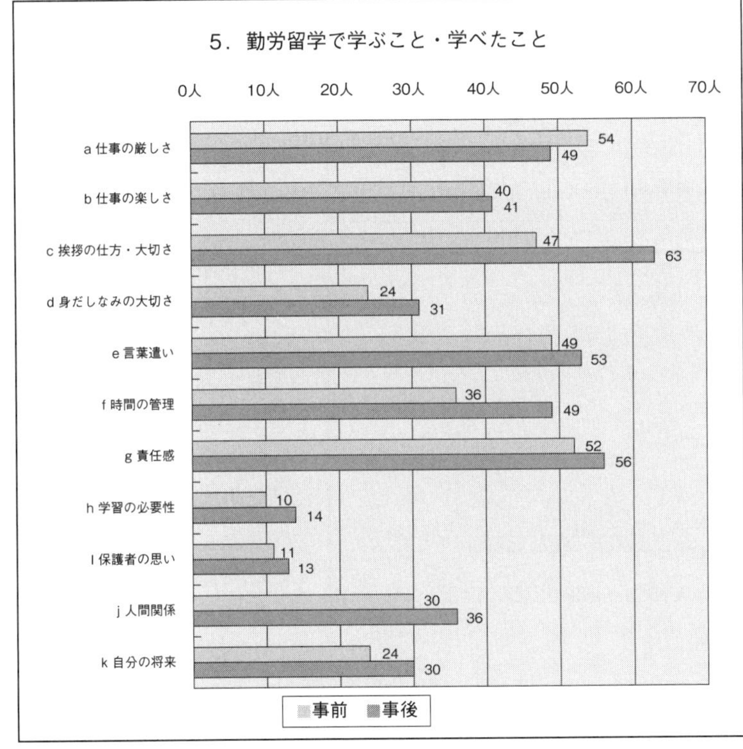

・約60％以上の生徒は仕事の厳しさや楽しさを予想し、体験をしてきた。また、勤労留学を通して学んだことは挨拶、身だしなみ、言葉遣い、時間の管理、人間関係、自分の将来についてであった。

仕事の厳しさや楽しさだけでなく、自らの生き方や将来、生活面で指導されていることが、社会の中でも基本であることを認識した。学校での指導が社会に結びついていることを学んだといえる。

一方、勤労留学を通して教科の学習が仕事に必要だと、また、保護者の思いを感じられなかったことが今後の指導の課題である。

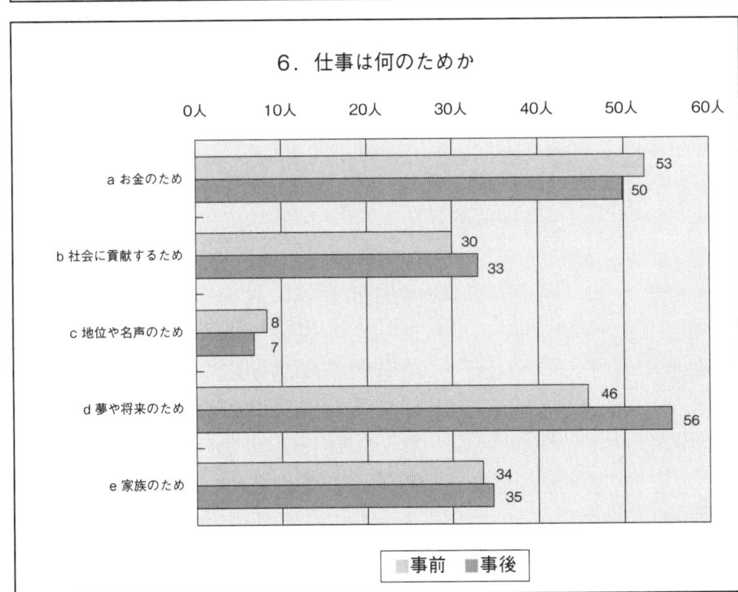

・仕事は生活のためにするという現実的な考え方と、社会貢献や自己実現のために行うという勤労観は健全であるといえる。

これは、本校で行っている進路指導・校内ハローワークや職場訪問の体験の成果と考えている。

また、勤労留学を通して仕事は自分の夢や将来のために行うと考えた生徒が増加したことは成果といえる。それには事業所の皆さんの、講話や仕事に関する取り組みがあったからと考えている。

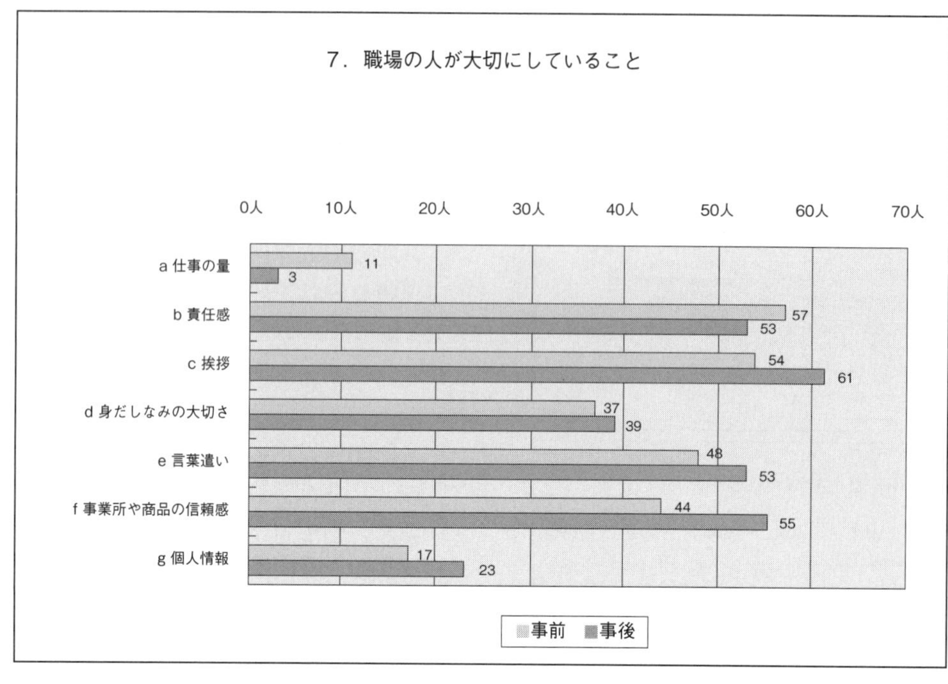

・事業所の方が大切にしていることはおおむね生徒が予想をしていた通りであったといえる。

勤労留学を通して信頼感・個人の情報を大切にしていると感じたことは学校内では体験できないことで、勤労留学の成果といえる。

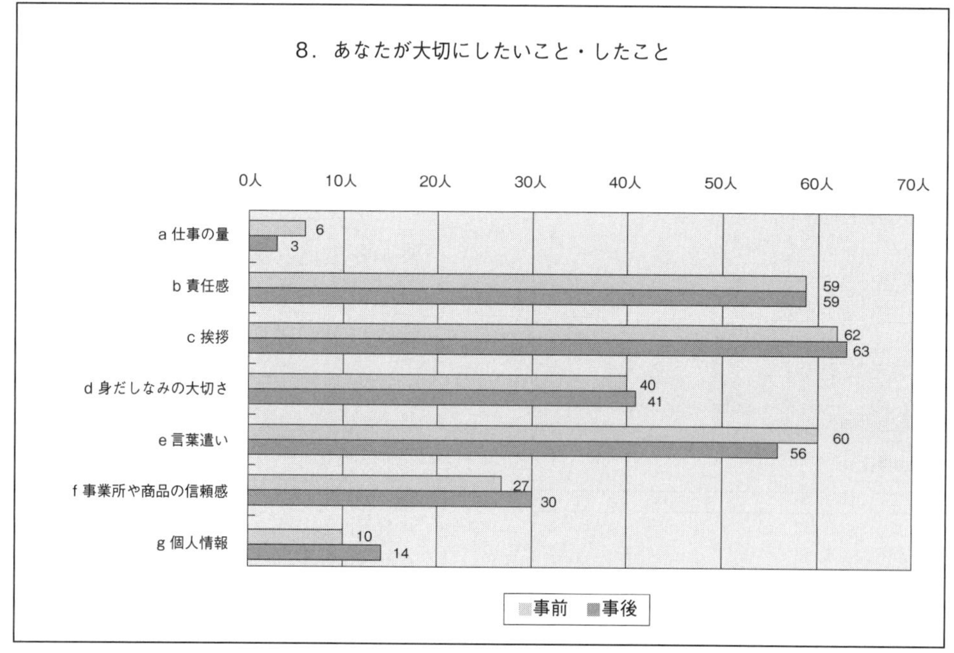

・事業所の方が大切にしていることを感じながら勤労留学に取り組んだといえる。

これらのことを考えながら勤労留学に取り組んだため、事業所の方等とのコミュニケーションや人間関係をつくることができ、充実感を得られる取り組みになったと考えられている。また、相手のことを考えながら行動することで人間関係を円滑に進められることを体験できたことも成果である。

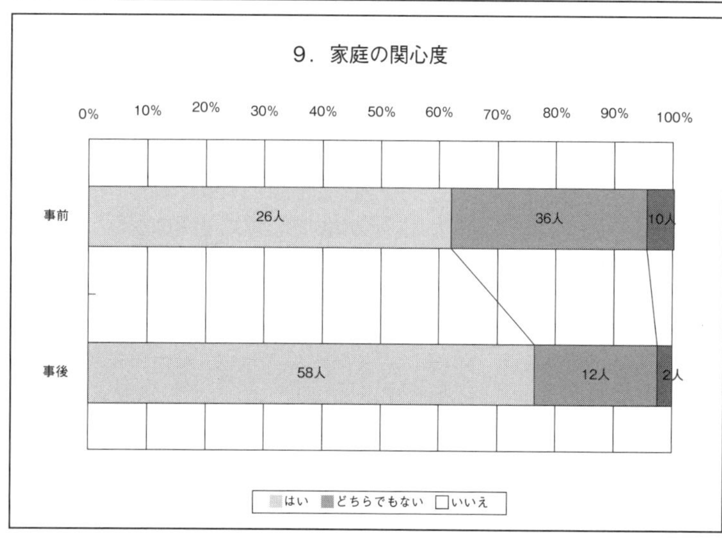

・勤労留学に対する意識は約15%向上した。生徒の取り組む姿や家庭で勤労留学が話題になったことと考えられる。保護者の感想は事業者に貴重な体験をさせていただけたという感謝の言葉が多かった。

また、学校の取り組みも家庭に浸透したといえる。

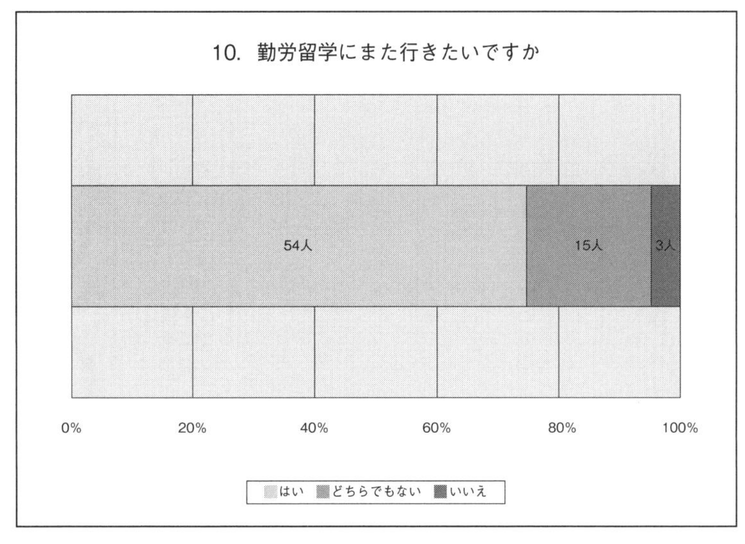

・75％の生徒がまた勤労留学に行きたいと答えている。90％以上の生徒が勤労留学の充実感をもったにも関わらず75％の生徒しか希望しなかった。

連続5日間は生徒にとって厳しかったことの裏付けと考えられる。

事業所の巡回を通して日を追うごとに、初めての体験・大人との関わり等で心身ともに消耗していることを感じた。仕事の厳しさ、楽しさを十分感じ、体験できた成果と考えている。

〔アンケートのまとめ〕

勤労留学を通して、生徒は礼儀・身だしなみ・言葉遣いや時間の管理の大切さを身をもって体験した。学校の日常の指導は今後職業に就くときの、職場や社会の基礎・基本であることを考える機会になったことは成果である。

さらに、仕事を通して事業所や商品に対する信頼性や、個人情報の管理、応対の大切さを学んだ。事業所でこれらのことを感じさせられたことは勤労留学ならではの成果で、心の教育の推進にも活用できる。

勤労留学の連続５日間は仕事を通して、自己実現や仕事の意義など健全な職業観や勤労観を考える機会になった。また、生徒自身がコミュニケーション能力や人間関係調整能力を自己評価する機会になったことが成果である。さらに、勤労留学の体験を校内の教育活動に継続的に活用することでより成果が上げられることが分かった。

一方、教科の学習の必要性や保護者の思いを勤労留学の取り組みの中で感じさせられなかったことは今後の課題である。（平成18年度まとめより）

わだち

２学年通信　「学年だより」
平成２５年　２月　９日
（第１０５号）
発行：諏訪台中学校２学年
西日暮里2-36-8 TEL 3891-6115

来週の授業	2月12日(火) A6						2月13日(水) B4					2月14日(木) A4+事後						2月15日(金) A6					
	1	2	3	4	5	6	1	2	3	4	5	1	2	3	4	5	6	1	2	3	4	5	6
2年A組	家	英	体	社	国	理	理	音	国	数		美	英	理	技	事		数	社	国	理	体	三
2年B組	音	英	体	家	理	国	社	国	理	数		技	英	国	理	後		数	理	社	美	体	送
2年C組	英	体	理	音	社	国	英	家	数	理		英	美	数	体	訪		社	国	技	英	理	練
2年D組	英	体	家	理	技	社	英	社	数	国		英	理	数	体	問		国	美	音	英	国	習
	全校朝礼						午後＝教員研修 給食あり					事後訪問 給食あり 中央委員会											

一生懸命になれた勤労留学　自己評価高く 平均4.45

長い研修を終えて、２年生が教室に戻ってきました。

勤労留学を振り返って、生徒たちに自己評価をみると５点満点をつけた箇所が多く、全体の平均を見ても数値が高くなっています。

７つの項目について聞きましたが、一番数値が低いのは「あいさつ・返事」やはり、はずかしがっていたり、気持ちが入ってないと、きちんとした「あいさつ」や「返事」ができないということが立証されました。「頭ではわかっていても行動に移すことが苦手」は勤労留学だけではなく普段の生活や学習にもいえる事なのです。

5段階評価（5大変よくできた 4よくできた 3できた 2あまりできない 1ほとんどできない）	男子 解答68人	女子 解答61人	全体 解答129人
しっかりと大きな声で、あいさつや返事ができた	4.21 (32)	4.28 (29)	4.24 (61)
自分から進んで仕事に取り組むことができた	4.35 (40)	4.48 (36)	4.42 (76)
時間を守る事ができた	4.54 (46)	4.58 (44)	4.56 (90)
きちんとした言葉遣いで職場やお客に接することができた	4.41 (40)	4.63 (43)	4.52 (83)
仕事の楽しさ・喜びを感じることができた	4.31 (40)	4.61 (45)	4.45 (85)
仕事の厳しさ・つらさを感じることができた	4.53 (46)	4.53 (40)	4.53 (86)
「はたらくこと」について考えることができた	4.31 (39)	4.50 (38)	4.40 (77)

５段階で評価した。５が「できた」で１が「できなかった」となる。各データの（　）内は５点満点をつけた人数。　全体平均は「4.45」

第62回東京都
公立学校美術展覧会
（２年生出品者）

- 立体感のある平面構成
  ＊＊＊＊、＊＊＊＊、
  ＊＊＊＊、＊＊＊＊、
  ＊＊＊＊、＊＊＊＊
- ねんど（野菜と虫）
  ＊＊＊＊、＊＊＊＊

２月１２日までに提出

- 勤労留学実習日誌
  （保護者記入欄あり＝日誌16ページ）
- 交通費請求用紙
  （日誌24ページ）
- お礼の手紙（清書）
- 到達度テストへ向けて
  （途中点検）

「勤労留学」打ち上げ

ジュースで乾杯

勤労留学の最終日には、学年全員が集まって反省をするようにしたかったのですが、研修の時間の関係で、全員が集まれないことから、ＰＴＡからリンゴジュースをひとり１本ずついただき、お互いに労をねぎらうようにしました。

学校に待機生徒は昼食時にジュースで乾杯　（８日　２年教室で）

勤労留学　それぞれの感想

楽しかったこと・うれしかったこと

- 子どもたちが自分のところに笑顔で走って来た（D女）
- 接客しているとき「名前すてきね」って言われた（A女）
- 自分が削った部品が使われた（C男）
- 職場の人たちと「めっちゃ」お話しした（D女）
- お客さんに「がんばってね」と言われた（D男）
- ホチキスをつかって用紙を束ねた作業（A男）
- 意外と昼休みが長かった（B男）
- おじいちゃん、おばあちゃんが昔のいろいろな話をしてくれた（B女）
- 皿洗いが楽しかった・・・けど・・腰痛が・・・（A女）
- クルーの人が優しくしてくれたので、楽しくできた（B女）
- 袋詰めの作業がきちんとできた（A男）
- 仕事をすぐに覚えてほめられたこと（D男）
- 仕事先の人たちと仲良くなることができたこと（C男）
- 保育園で小さい子とたくさん遊んだこと（B女）
- 普段できない経験ができたのがよかった（C男）
- 保育園で園児が「先生」って呼んでくれた。たくさん遊んだ（B女）
- 布を切ったりした。布地の扱いに慣れた（B男）
- 自分たちが選んだ洋服をディスプレイ（展示）した（A女）
- 車のことについてたくさん教えてもらった（D男）
- お茶を入れたら「濃くておいしそう」と言ってもらえた（A女）
- 10円まんじゅうをもらった。「助かる」って言ってもらえた（C女）
- まかない（従業員の食事）がおいしかった（D男）
- 本物のお札を数えさせてくれた（A男）
- 休憩時間にマンガを読むことができた（A男）
- 従業員が楽しい人ばかり。バレンタインデーのチョコもらった（D女）
- 自分で調理することができたこと（D男）
- お店の中のどこに何があるか全部わかったこと（D女）
- 自分がトッピングしたパンを篠宮先生が買ってくれたこと（D女）
- ファストフード店の裏側を知ることができたこと（D女）
- 通常ではプログラムに入っていないものを作らせてもらった（B女）
- レジの仕事を任されたこと（B男）
- ひたすら値札を打ち出したり、貼ったりしたこと（A女）
- 本の作り方を教えてもらった（B女）
- 事業所の人に「手際がいいね」と言われたこと（D女）

つらかったこと・苦しかったこと

- 立ち仕事だから疲れた（B男）　・腰の位置が低くて痛かった（A女）
- 子供たち「さよなら」するとき。喧嘩をとめられなかった（B女）
- 知らない人と接してかかわりを持つこと（C男）
- 既定の時間が過ぎると商品を処分しなければならないこと（B女）
- お昼の時間うるさくしすぎて注意されたこと（C女）
- 寒い中、銀行に行ったこと（B女）
- ミスをしてしまった時の責任が大きい（D女）
- 力仕事が多かったです（B男）　・テレビ見られなかった（B男）
- 仕事の量が多くて、ずーと作業していた（B男）
- 水仕事が大変でした（D女）　・受付にいたけど誰も来ない（C男）
- 大変だったことは書ききれないぐらいある～（C女）
- 単純作業の繰り返しがすごく多かったこと（D男）
- 初日、バスを乗り間違えてしまったこと（D女）
- 勤労留学が終わって学校の授業がまた始まること（A男）
- 本の整理をする時、本が重かったこと（D女）
- やることがなくて寒かったこと（A男）
- つらかったことは一つもなかった（C女）
- 子供たちが、お昼寝をするとき、毎日同じ作業をやったこと（C男）
- こどもから「シャキーン」といって「チョップ」を受けた（B女）
- 一度に何人もの子が「抱っこして」と寄ってきたとき（A女）
- 汚いものの処理をするときさわってしまった（A男）
- 大嫌いなエビを触らなければならなかった（C男）
- 学童で小学生と遊ぶのは良かったが、すごく疲れる（C女）
- 職場までの行き帰りが寒かったこと（A女）
- 覚えなきゃいけないことがたくさんあったこと（C女）
- 仕事するときにすごーく眠くなってがまんするのがつらかった（C女）
- 店の外で段ボールをたたんで片づけていたこと（B女）
- 一緒に行った男子・・・いちいちうるさい（笑）・・・（C女）
- 最終日に体調が悪かったのでつらかった（D女）
- 雪の日がヒマで寒くて・・・立ちっぱなし（D男）
- 商品をきちんと並べるのには気も使うし体力も使う（D男）
- 接客やフロアの仕事をしているときにお客様にからまれた（C女）
- ホイップが上手にしぼれない（B女）
- 一日中、説明を聞いていたこと（C女）

わだち

2学年通信 「学年だより」
平成２５年 ２月１５日
（第１０６号）
発行：諏訪台中学校２学年
西日暮里2-36-8 TEL 3891-6115

来週の授業	2月18日(月) A5					2月19日(火) A6						2月20日(水) B4				2月21日(木) A6						2月12日(金) A6					
	1	2	3	4	5	1	2	3	4	5	6	1	2	3	4	1	2	3	4	5	6	1	2	3	4	5	6
２年Ａ組	数	社	体	英	国	家	国	体	社	英	理	理	音	英	数	美	英	理	技	体	道	数	社	国	理	体	総
２年Ｂ組	数	国	体	英	社	音	理	体	家	英	国	社	国	英	数	技	英	国	理	体	道	数	理	社	美	体	総
２年Ｃ組	社	理	数	国	体	国	体	理	音	社	英	英	家	国	理	英	美	数	体	理	道	社	国	技	英	理	総
２年Ｄ組	理	国	数	社	体	社	体	家	理	技	英	英	社	理	国	英	理	数	体	国	道	国	美	音	英	国	総
	全校朝礼 テスト１週間前											午後＝先生方は小学校訪問										週番引き継ぎ					

授業よりも…事業所‥？　仕事大好き！！

授業と仕事どっちが好き？

	授業	仕事	どちらでもない	合計
男子	３９ (58.2%)	２３ (34.3%)	５ (7.5%)	６７
女子	４３ (74.1%)	１５ (25.9%)	０	５８
合計	８２ (65.6%)	３８ (30.4%)	５ (4.0%)	１２５

仕事には「夢」もあった！

「わだち」７７号（平成24年７月６日発行）では校内ハローワークの記事で「仕事には、「誇り、責任、喜び」があるとまとめましたが、今回の勤労留学を通して、仕事の中には「夢」をもって臨むというすばらしさを感じて来たようです。

ＮＨＫテレビの人気アニメ「銀河へキックオフ」（土曜日午前９：30～現在放送中）の第25話からエンディングテーマで流れている、風男塾（ふだんじゅく）が歌う「人生わははっ」の歌詞の中に、

「『幸せ』という文字は『辛（つら）い』とひと筆違い。紙一重のこの道を誰もが歩いている。　『心』を『受け』止めれば『愛』という文字になる。相手を認め許し合う命がある限り。　『有難（ありがと）う』という文字は『難が有る』と書き示す。苦しみを知らなければ　感謝は出来ないのさ。『叶える』という文字は　十の口が隠れてるみんなで語り合えば きっと　願いは叶うはずさ」

というのがある。なんともポジティブな人生応援ソングであるが、仕事を通して感じるものと通じるところがあるような気がした。この応援ソング風にいうと「忙（いそが）しい」というのは「心を亡(な)くす」と書くので忙しい時ほど,気を付けなければいけないということになる。

昨日、勤労留学でお世話になった事業所にお礼のあいさつに出かけました。研修を終えて数日たってからの訪問でしたが、各事業所の皆さんがやさしく出迎えてくれました。

保育園に行った人たちは園児たちと再会し、帰る時には「また来てね！」と激励されたり、飲食業の職場を訪ねた人たちは、ちょうど休憩時間だったので「お茶」をごちそうになったりしました。

訪問したあと学校に戻った生徒に「仕事しているのと、授業を受けているのでは、どっちが好き？」と聞いたところ、３分の２が「仕事」、３分の１が「授業」という事絵でした。

授業より仕事の方が成果や結果が早く出る事などがあるのかなあ～とも思える結果でした。

職場体験を通して心の成長がうれしい

学年主任　田村俊雄

今回の勤労留学で生徒たちはたくさんの事を学んできました。仕事の世界は、社会の動きをはじめ、あらゆる事に気を配り考えて行動しなければならないということを感じてくれたようです。

研修の3日目（2月6日）は前日から大雪になるかもしれないという天気予報でした。生徒たちの研修場所の職場でも、「雪」対策を取り、職員の人員配置や当番（勤務シフト）の変更、客足を考えて、仕入れや生産の調整を行う「雪」シフトがとられました。

これに伴い、本校でも、前日に「明日の研修は事業所の業務状況に応じて変更してください」とお願いしました。また、学年の先生も、何かあったときの対応のために職員室に午前６時半から待機しました。その結果、前日もしくは当日の朝に「研修を中止」ということろが９カ所ありましたが、連絡体制がしっかりしていたので、混乱もなく、生徒たちが、きちんと行動してくれました。今回、職場の人たちに「優しく」していただいたことや、業務に就いたことで、心が成長したと思いました。

仕事先で・・心に残ったこの言葉　言われたことや話してもらった事

- 大人はいろいろ考えて仕事してるんだよ（Ｃ男）
- 「ありがとうございました」じゃなくて「ありがとうございます」だよ（Ｄ女）
- 人と人とのつながりがとっても大切（Ｂ女）
- 何事も笑顔で（Ｃ男）
- 恥ずかしがらずにあいさつしましょう（Ａ男）
- いつでも他の人を助けられるようにする（Ｄ女）
- 図書館はサービス業だから笑顔が大切（Ｄ女）
- 子供は宝（Ａ男）
- あいさつが大事だよ（Ｄ男）
- 積極的に動こう（Ｄ男）
- みんなが研修に来てくれてよかった（Ｂ女）
- 失敗してもいいから、いろんなことに挑戦してみよう（Ｃ女）
- かぜひかないで、がんばってね（Ｂ男）
- 笑顔で対応しましょう（Ａ女）
- このあと学校に戻るの？（Ｃ男）
- 中２っていいねぇ～。でもやっぱりめんどくさい時期なのかなぁ～（Ｃ女）
- ＰＯＰで書いておくと商品がよく売れる（Ａ女）
- この中にひとりだけ中学生じゃない人がいるみたいだなぁ（Ｂ女）
- マナーは大事だと言うこと（Ａ男）
- お客さんに「高校生？」って言われた（Ｂ男）
- お～い、飯にするぞ（Ｂ男）
- 「速さ」よりも「正確さ」が大切（Ａ男）
- 仕事はチームワークが大切（Ｂ女）
- ミスしたときは、思い出して考える事が大切だよ（Ｃ女）
- あわてなくていいよ（Ｂ男）
- ヒマな時でも取り組もうとする事が大切（Ｄ女）
- 子供たちには無理矢理やらせない（Ａ女）
- お客様を大切に（Ｃ男）
- また来てください（Ａ女）
- 「資格何持ってる？」って聞かれて「運転免許証だけ」と答えるような大人にならないで、何か資格とってね（Ｄ女）
- 挨拶する時は笑顔でしっかりと（Ｂ男）
- 今を大切にしてほしい（Ｃ男）
- 休憩中に大声でしゃべってはいけません（Ｂ女）
- しょうが湯、飲む？（Ｃ女）
- 仕事ってやっぱ、達成感あるよなぁ～（Ｄ女）
- 当店のあいさつに「すみません」は無いんだよ。「おそれいります」とか「かしこまりました」だよ（Ｄ女）
- 手伝ってくれてありがとう、助かります（Ａ女）
- お客様がよろこんでいたよ。ありがとね（Ｄ男）
- 割り箸詰める仕事。やる～？（Ａ女）
- お客様には大きな声で対応を（Ｄ男）
- 仕事はね、心をこめないとダメなんだよ（Ｄ男）
- ものは大事に扱わないといけない（Ｂ男）
- これからも毎日仕事しに来てよ・・・（Ｄ女）
- 人生には３回絵本を読む・・。１回目は子どもの時に読んでもらう、２回目は親になって子どもによんであげる、３回目は年をとってから自分で読む（Ａ男）

学校の特色を生かし、学校行事をつなぐ工夫

ロッカールームから学校生活が始まる

キャリア教育の要素は学校生活のあらゆる部分に存在し、無限の可能性があるといってよい。荒川区に転勤して最初の学校は、都内でも数校という教科教室型の学校であった。常に学校経営方針の柱を「キャリア教育の推進」としている校長の視線で見ると、教科教室型校舎の学校にはその推進の素材がたくさん隠されていた。例えば、生徒は朝各自のロッカールームに登校し、教科教室を巡る生活である。まさに社会人が会社に勤務する形態と類似する。そこで考えたのがノーチャイムの中学校にするということであった。学校の毎日の生活の中で、まるで社会人のように自分自身の時間を管理させる生活は、キャリア教育そのものだと考えたのである。また、小学校では多く見られる縦割りの学校行事を意図的に設定し、機会あるごとに３学年合同の縦割りで活動させた。社会人として求められる異年齢の協働作業を体験させ、人間関係形成能力の育成を図ることとした。

また、これまで実施している様々な活動に視点を変えて取り組むことで質を高めることもできる。例えば、朝のあいさつ運動はどこの学校でも実施していることと思う。社会人として求められる能力の第一はあいさつであると学校組織全体で捉えれば、極めて重要な取り組みへと変化する。あいさつは社会人の基本という趣旨の話を全校朝礼で校長講話として意図的に話し、学年朝礼や各学級での学級指導において意図的に繰り返し指導した。

あいさつ運動は社会人の基礎づくり

指導する教職員がこれまでもあった朝のあいさつ運動の価値を認識し、生徒は社会人へとつながることを意識する。これまであったあいさつ運動がキャリア教育の視点で見直された一例である。

学校は、それぞれまわりの環境も違い、特色も様々である。それぞれの良さを生かすことやそれまであった取り組みをキャリア教育の視点で見直すことが必要である。そのように考えると、学校行事を工夫次第では、キャリア教育の視点でつなげていくことも可能となる。

これまで実施してきた学年行事はつながりを持たせることで一層ひとつひとつの質を高めることができる。職場体験等の行事は、該当学年の単発的な学年行事に終わる傾向がある。私は全ての教育活動をキャリア教育の視点で見直し、これまでの取り組みを生かしながら各行事に関連性を持たせることで成果を発揮すると考え、実践してきた。

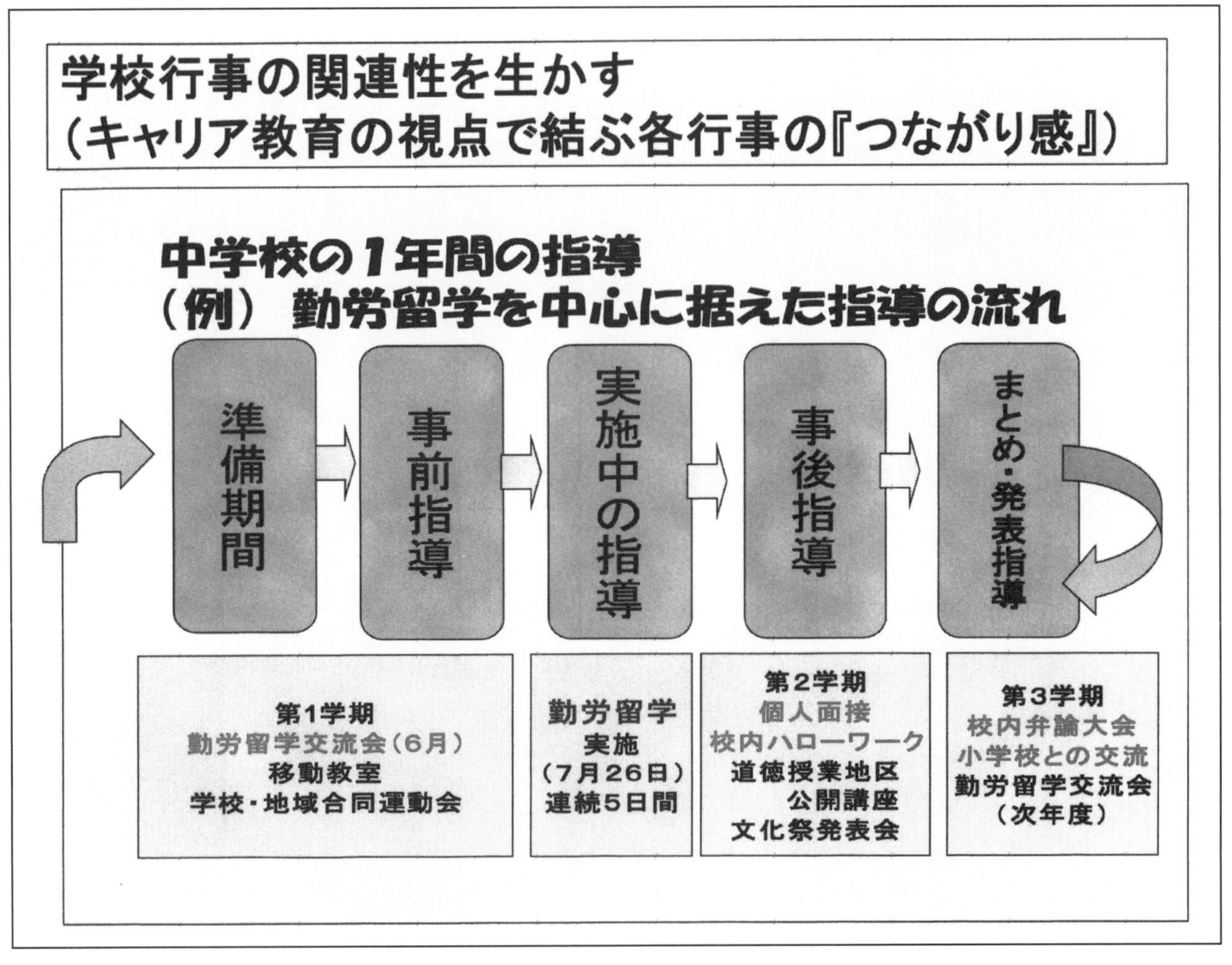

荒川区で勤労留学と呼ぶ5日間連続の職場体験を例として説明する。

1学期の6月に職場体験の事前準備として、前年度に職場体験を経験している3年生より2年生へのプレゼンテーションを行う。この取り組みは「勤労留学交流会」と称し、いくつかのねらいを定めて実施した。そのひとつは3年生の振り返りを重視するということである。1年前に経験した職場体験で将来を見通した意識の変容は、身近な高校受験を前にして再確認することへもつながる。また、業種別に行うプレゼンテーションは、前年度に各職場での体験から学んだこと、自ら注意を受けて気がついたことを確実に次の学年へと伝えていく。2年生が職場体験を前に情報収集できることは重要な事前指導になるばかりでなく、受け入れ事業所側から見れば毎年同じ指導を繰り返さなくても、次の代に前年度の指導が反映されていることになる。そのことが学校との信頼関係構築につながり、継続的な受け入れへと発展する。また、学年間の交流は何よりキャリア教育を意識した縦割りでの活動と位置づけて実施した。

勤労留学交流会：前年度の体験を語る3年生

そして、直前にはキャリアコンサルタントの先生を講師に迎え、マナー講座で指導を受け、7月の職場体験へと向かっていく（詳細については別項に記す）。

夏休みが明け、新学期が始まると各受け入れ事業所から送られてきた生徒の評価表を元に、担任との二者面談を行う。ここでの話題は職場体験を通じて感じたこと、体験したことを中心に行う。生徒と担任教諭の対話では、仕事の大変さ、時間を守ることの厳しさ、想像していたよりやりがいのある仕事だった等、感想は様々である。このような対話の中で大変興味深い言葉が生徒から出ることがある。5日間の職場体験に参加して感じたことは、「社会人として求められることは、日頃、学校の先生方から受ける注意と似ていた」「学校生活がきちんとできれば社会人として通用することがわかった」等である。職場体験での評価をもとに学校生活の在り方を考え直し、本来の大きな目的であった学校生活にフィードバックする取り組みである。このように職場体験を実施するにあたり、簡単に事前、事後のアンケートをとりまとめて終了するのではなく、5日間の職場体験を通じて学校生活を見つめ直すという大きなねらいをしっかりと押さえておく必要がある。学校全体のキャリア教育推進の視点からみると、職場体験はその中心ではなく、ひとつのパーツとして位置づけている。

職場体験を振り返る二者面談

平成 20 年 7 月 24 日

荒川区立第三中学校
校長　清水　隆彦

勤労留学生徒評価票ご協力のお願い

勤労留学にご協力いただきありがとうございました。生徒の取り組みはいかがでしたか。
以下の質問に該当する記号に「○」を記してお答えください。枠の中にはお気づきのことがありましたらご記入下さい。勤労留学の活動を、校内で生かす資料にさせていただきます。8月8日（金）までに本校赤田宛に FAX でご返信ください。ご協力をお願い致します。

の評価票

1．あいさつや返事は大きな声でできましたか。
A よくできた　(B) できた　C できなかった　D 全くできなかった

少し緊張していた様子でしたが、がんばっていました。
日の経過とともに、笑顔も見られるようになりました。

2．身だしなみ（服装・頭髪）は指示通りできていましたか。
(A) よくできた　B できた　C できなかった

8．その他
（勤労留学に対するご意見、教員の対応、学校に対する要望等もございましたら、ご記入ください。）

3日間、誠意を持って仕事に取り組んでくれました。経験を生かして、
これからも、図書館を有効に活用してくれればうれしいです。

最後に、来年度も勤労留学にご協力いただけますか。
(A) 引き受けられる　B 引き受けられない　C 来年度また考える
（日程や人数調整のご協力をお願いします）

連絡先
荒川区立第三中学校
荒川区南千住８－１０－１
TEL 03－3801－5808

さらに秋に行われる文化祭では、舞台発表で全校生徒に向け、職場体験の報告を実施する。寸劇を交え、体験でのエピソードや５日間で学んだことを全校生徒に伝えていく。ひとつの体験を全校に広げていく。

さらに30業種のゲスト講師を迎える「校内ハローワーク」（別項で詳細記載）では、職場体験を終えた２年生、１年前に経験した３年生、１年後に経験する１年生とそれぞれの経験を踏まえた質

問が行事の質を高める。

道徳授業地区公開講座

東京都では年に一度、道徳授業を地域、保護者に公開する道徳授業地区公開講座を実施してきた。そこで２年生では、保護者、地域の皆様、受け入れ事業所の方々を交えて勤労留学（職場体験）の経験を中心の話題として、経験を語り、働く厳しさ、身につけるべき力等について話し合いをもつ。ある年のテーマは「きまりと礼儀」、体験をもとに事前事後の変容等についても話題に上る。これまでの学校行事として実施してきたものであるが、新しい発想で行事をつないでいく。

弁論大会２年生のテーマは勤労留学

これまで実施してきた行事ということでは「校内弁論大会」があった。着任する以前は自由な演題で発表されていたが、キャリア教育の視点を強化するため、２年生の弁論の題材は一律「勤労留学」とした。生徒は学級で全員の発表を聞き、それぞれの体験を共有する。学年大会では他の学級から選ばれた勤労留学の弁論を学級の枠を超えて共有する。予選から始まり、数ヵ月に及ぶ弁論大会の全校発表が終わるのは毎年２月である。その３ヵ月後には、３年生による「勤労留学交流会」が行われる。このように職場体験という行事を踏まえても１年間に及ぶ各種行事をつなげていくことができ、キャリア教育の視点で行事を見直し質の向上へと発展させることができる。１年間に及ぶこのスパイラルは回を追うごとに学校の伝統を構築することになる。

ここで学校の企画力が求められるのだが、やはりつなぎ役として進路指導主任、特命担当の果たす役割は極めて重要となる。

第３章

外部人材活用編

校内ハローワークの実践

1.「校内ハローワーク」の全体像

キャリア教育の推進を教育目標の中心に据えている本校では、特色ある行事として「校内ハローワーク」を実施している。この取り組みは、社会の第一線で働く30業種の社会人に講師になっていただき、生徒へ講座を実施するというものである。一日３講座で全校生徒は累積90業種の講座を受講することとなる。

この取り組みのねらいは、生徒が多くの業種にふれ、職業のもつ面白さや難しさ、充実感を直接お聞きし、職業に対する知識量を広めることにある。さらに重要な目的として単なる職業に対する知識の積み上げということだけでなく、将来仕事につき、職業人、社会人として生活していくために、将来を見据え、考える機会とすることである。講師からは、今、中学生として何を学び、どう努力しておく必要があるのかという視点でお話をいただく。熱を帯びた講師のお話は、生徒をいつしか将来の自分から今の生活へとフィードバックさせる機会となる。

「校内ハローワーク」という行事や「勤労留学」（５日間の職場体験）等で、外部人材を活用することは、教育的に大変成果があり、意義深いものと考える。しかしながら、外部人材を活用した行事が増えるにしたがい、人材確保という点で担当する教職員の負担感は徐々に増すことになる。人材確保には、多くの時間と労力を要するからである。この取り組みでは、この課題を少しでも和らげるための工夫を行っている。

学校外に目を向けると厚生労働省が育成したキャリアコンサルタント、経済産業省が育成したキャリア教育コーディネーターが多数いる。企業による教育支援も一層広がりを見せているのが現状である。学校を取り巻く支援体制は日に日に充実感を増してきている。体験活動を設定することや、外部人材を活用した将来につなげる効果的な行事が進められようとしている現在、学校関係者は学校を取り巻く状況をいち早く捉え、協働することでより成果を上げる校内システムを構築していくことが求められている。

本校で実施している「校内ハローワーク」では、キャリア教育コーディネーターと１年前より準備に入る体制をとり、人材確保（業種）の声かけから、当日の運営補助と様々な形で支援をいただき、この行事に向けて協働するシステムが確立している。協働する利点としては、教職員のみによる人材確保では職種の範囲が限られる傾向があるが、キャリア教育コーディネーターの支援では業種選択が多岐にわたり、より多くの職種を生徒に提供することができることがあげられる。また、当日の運営はあくまでも主役は教職員であり、キャリア教育コーディネーターは後方から支援し、バックアップに徹していただく働きが、全体の進行をスムーズにさせるのである。生徒はこれまでにない体験をするわけだが、日々の授業とは違う新しい発見が随所にある行事となっている。

もうひとつ特徴的であったのは、保護者、地域の方々による支援が広がり始めたことであった。保護者の方の仕事関係、関連企業への声かけがきっかけとなり、講師確保へとつながった。さらに、保護者やOBが講師としてご自身の職業についての講義を担当していただくこともある。「校内ハローワーク」の成果が認知され、地域総がかえの行事へと成長していった。

これまで、中学校においてキャリア教育推進に伴う外部人材の活用には、どちらかといえば学校の計画通りにはならないのではという不安感や、人材確保に伴う負担感のみが大きいのではと予想されていた。しかし、外部人材との協働という取り組みを終えた段階では、学校を取り巻く人材の豊富さ、実施を支援する体制の充実ぶりは予想を遙かに超えていると感じられ、外部人材を活用した様々な取り組みを実践する状況は整い、さらに広める可能性が感じられた。まさに外部人材との協働という点では機が熟したと強く感じられた瞬間でもあった。

今、社会が大きく変化する中、教育そのものにも質の変化が求められている。地域人材や一般企業の皆さんの教育参加は、社会の変化、求められる力と連動するものであり、これからの教育に欠かせないものともいえる。今後、教科指導、学校行事等の面で外部人材の導入は教育の質の向上の大きな鍵となる。

2．外部人材との「つながり感」を生かす校内ハローワークの実践

本校ではキャリア教育の推進のため、地域人材の活用をはじめ、地域素材を生かす取り組みを数多く実践している。それぞれの取り組みを考えたとき、そこには地域社会、地域人材との連携した協力関係が不可欠であり、まさに「つながり感」という共通のキーワードが浮かんでくる。地域を巻き込んだ組織的で系統性のある取り組みは、生徒を変容させるとともに、教職員の意識改革にもつながっていく。さらに地域人材との協働は、地域の方々にとっても自然と地域の中の学校を強く認識させ、単なる教育参加から教育支援という形に変容していく。

本校ではこの「つながり感」という視点を重視しつつ、「校内ハローワーク」をはじめ数多くの特色ある行事に取り組んでいる。「校内ハローワーク」という取り組みは、数多い地域人材と協働する行事のひとつではあるが、これほど多くの人材の協力をいただくという点では抜きんでている。そのため複数のキャリア教育コーディネーターと「校内ハローワーク特命担当教諭」とが長期間にわたり、連携して人材確保に努める。また、実施までの過程で企業の皆さんやキャリア教育コーデ

ィネーターと協働することは、まさに教職員自身の「校内ハローワーク」ともいえる。

3.「校内ハローワーク」の具体的な実践

（平成18年度）全体会

多様な職業の方々を招いた進路・生き方学習「校内ハローワーク」の実施は、前任区を含めると10年以上前からの取り組みということになる。この「校内ハローワーク」は、多様な職業につく人たちのお話を聞くことによって、自分の生き方について考えるきっかけをつくる、日頃の学校生活を見直すことをねらいとしたものである。毎年30業種以上の講師の方々に参加していただき、大きな成果を上げている。

社会福祉士や看護師、新聞記者、教員、自衛隊員、薬剤師、アナウンサーといった業種の他、漫画家や芸能プロダクションのマネージャー、プロバスケット選手といった異色の顔ぶれもそろう。製菓師（パティシエ）やトリマーといった時代を反映する講師も来校している。

開催当日は、体育館で開会式、全体オリエンテーションを行った後、教室やフリースペース、体育館に設けられたブースで、入念に打ち合わせをした第一線で活躍する社会人講師による仕事の説明、やりがい、苦労話とともに、中学生の今、何をしっかり学ぶべきかについてが話される。30分間の講義の内容は講師によって様々である。生徒は事前に質問事項をまとめておき、講師に事前に伝えておく。ひとりの生徒は1日で3業種の講師を訪れる仕組みとなっており、3年間で9業種を体験することになる。1グループの人数は10名程度だが、受講希望によっては15人以上ということもある。グループは全学年縦割りで構成し、3年生のリードのもと、講座を回るのである。

（平成23年度）美容師講座

30分の講義の内容は、講師の人柄や職業の特色によってバラエティに富んでいる。

一生懸命やっても結果がなかなか出ないと、華やかな世界の中での厳しさを語る芸能プロダクションのマネージャー、下積みの重要性を語りかけるパティシエ、お客様から感謝されると日頃の苦労が報われると語る警備会社の方、と様々である。講師陣の共通したねらいは、中学生である今、何を頑張るべきかを考えさせることである。生徒は将来の生き方をイメージし、同時に現在の生活を見直すことになり、教職員もその影響力に注目する。終了後には講師陣から「生徒の目が輝いていたのが印象的だった。とても良い経験をさせてもらった」「中学時代にこのような授業を受けられてうらやましい。自分も体験したかった」等の声が多数寄せられている。

（平成24年度）飛行機整備士

生徒からは「心に響いて明日からの生活が変わりそう」「想像していたより仕事は厳しそう」「将来、職業を選ぶときの参考になった気がする」との声が聞かれた。教職員からは「校内ハローワークを通じて即座にその職業に進もうと決意する生徒はそう多くないと思うが、プロと接する中で刺激を肌で感じ、仕事の大変さを知ってもらいたい」「社会で活躍している大人の言葉が生徒の心にすっと届き、日々の生活の改善につながることが期待できる」「多くの講師からコミュニケーション能力の大切さが強調され、生徒とともに重要なことを学んだ」という声が聞かれた。

4．「校内ハローワーク」の成果と課題

①「ねらい」が明確でないものに成果は期待できない

「校内ハローワーク」をはじめ、学校行事はとかくイベント化されやすい傾向がある。実施できたことのみで完結し、満足感を得る。しかし、極めて重要なことは、この行事を通じて生徒の何をどう育てるのか、その目標達成のためにどのような「しかけ」を設定し、成果を検証するのかが重要となる。最近、本校より情報を発信したこともあり、区内で半数以上の中学校が「校内ハローワーク」を実施するようになった。それはそれで大変うれしいことではあるが、一見したところ同じように見える行事でも、ねらいをしっかり押さえなければその意味は大きく変わることになる。同様な行事を実施した教員の報告会では、課題として生徒の希望する職種を見つけることができなかったとか、人気のある職種に多くの生徒が殺到し、振り分けるのに苦労した等の報告があった。一見

同じに見える行事でもねらいの違いで大きく成果が変わり、苦労する内容にも違いが出てくる。

現任校に転勤して、教職員に「校内ハローワーク」の実施を説明した際にねらいは何かと質問したところ、多くは「職業について知る」であった。そこで私が示した「校内ハローワーク」の最大の目標は「中学校生活を見直す」ということであった。職業人の話を聞くことで、将来社会人として求められる知識、能力が明確になり、現在の中学生として生活を見直す機会にするということである。そのため、社会の第一線で活躍する社会人講師により、自らの経験を踏まえ、今、中学生に伝えたいこと、中学生の時代に何をしておくべきか等を中心に話をしていただく。つまり、この行事は単なる職業紹介ではなく、生き方指導がメインと考える。「約束の時間に遅れれば信頼を無くし、会社の収益を損なうことになる。だからこそ中学校で時間を守る、提出物の期限を守ることが何より重要である」と語りかける会社経営者の話に代表される。また、音楽家は「音楽を深く学ぶのならドイツ語の学習が必要、しかし今はその基礎となる英語学習を全力で頑張るべきだ」と話す。

重要なことは、講師の話を中学校生活にフィードバックさせ、日頃の基本的生活習慣を見直すことにつなげるというねらいを認識することである。ここを指導する教職員がしっかり押さえれば、希望の職種を生徒に選択させるということにこだわる必要はなくなる。

また、第二の目標は様々な職種に出会わせるということである。講師の先生からお聞きする話により、職業について多くの情報を得て自分の将来について考え、学ぶ意欲につなげるということである。当然、中学生が知っている職種の範囲は限られており、決して広範囲ではない。そのため希望を重視すれば知っている、興味のある仕事のみを選択することになる。これは職場体験においても同様の傾向がある。各中学校では、生徒の第一希望を叶えようと必死に受け入れ事業所を探す。物理的に可能な地域もあるが、むしろそうでない地域のほうが多いはずであり、人材や受け入れ事業所の確保に奔走する。しかし職場体験の目標を社会人として求められる力を学ぶ、知らない職業を体験しその職業の魅力を知る、地域産業の良さを学び報告しようということになれば、必ずしも第一希望である必要はなくなるのである。

「校内ハローワーク」では、職業に出会わせるというねらいのもと、全校生徒が希望で選べる職種はひとつとし、残りふたつの講座は機械的に割り振る形をとっている。未知の職業と出会うことを重視し、新しい知識の蓄積に期待するのである。

ねらいを確認する講師との打合せ

②威力を発揮する外部人材（講師）との「ねらい」の共有化

各学校が実施する外部人材と協働する行事において、一般的に多く見られる傾向は全てを一任してしまうことである。「何でも結構ですのでよろしくお願いします」という形で、外部人材へ内容も含めて全権委任する丸投げ状態を見かけることがある。これほど受け手である外部人材に失礼で、戸惑わせることはない。あくまでも教育活動は学校側主体であり、学校が目指す生徒像を受けて具体的に何をどう育てたいのかという「ねらい」を年間指導計画に位置づけ、その上で今回の行事はこういう成果を期待するという学校側の意思を伝えることにある。そして学校側と外部人材との立ち位置がしっかりと決められ、授業計画に盛り込まれることが重要である。その上で外部人材と協働することが行事の意義を極めて高いものへと導く。

本校で実施する「校内ハローワーク」では、事前に各講師には学校側のねらい、当日の教員の動き等について念入りに事前連絡を行う。実施当日の集合時間は実施の１時間前とし、講師打ち合わせに十分な時間をかける。講師には、事前の打ち合わせ会で上記の「ねらい」である、第一に「社会人として求められる能力、条件等を意図的にお話しいただき、中学校生活を見直す機会とする」、そして第二に「職業と出会わせ、職業に対する視野を広げる」等を確実に伝えていく。その上で実施となる訳だが、十分な時間をかけた「ねらい」の明確化はその行事の実施意義を何倍にも広げていく。

③キャリア教育コーディネーターとの１年間に及ぶ協働

各企業、外部人材側から見ると、学校教育への参画には大変意欲的で、実施するためのプログラムは極めて広範囲で高いレベルに達しつつある。ところが学校への参入という段階になると何をどう切り口に関わったら良いのかがわからず、壁となってしまうことが多いと聞く。学校の敷居が高いという表現があたっているのかもしれない。

一方で学校側からすると、決められた授業時数を年間指導計画に沿って進めていかなくてはならないという現実もあり、突発的な行事が組みにくいというのが現状でもある。外部人材との協働は効果的であることは情報として認識しているものの、なかなか踏み出せないでいることも事実である。さらに外へ向けての交渉事は、経験が少ないことから苦手意識が先に立つことが多い。併せて交渉のための時間を生み出すことへの多忙感を嫌う傾向が一般的であるともいえる。

これまで十数年間の「校内ハローワーク」を実施した経験を振り返ってみると、開始当初は各企業に向けてネット検索をしながら手当たり次第に電話をかけ、交渉を行ったり、教員がこれまで関わった既に就職している卒業生に講師を依頼するということから始まった。そして実践が進むにつれ、地域、保護者の仕事の関係から職業人の紹介という形に広がりを見せ始めた。地域人材からは自ら講師にと申し出があったり、保護者からは自ら勤務する職場の人材を紹介できるとの申し出があったりと、地域に根ざした公立学校ならではの強みも発揮された。地域との人間関係がいかに重要であるかを強く認識させられる瞬間でもあった。

キャリア教育コーディネーターとの打合わせ

「校内ハローワーク」のような行事を何年も継続して実施する際、教職員や外部講師双方で人事異動があった場合、対応する相手が変わったからといって消滅するような行事であってはならない。

例えば、スペシャルな校長が転出したらその学校行事が変わるとか、無くなるようなものであるならば最初から実施する意味は無いと考えている。むしろ、誰が管理職であろうと、教職員が変わろうとも、良い行事は継続していくものであり、継続できるシステム、基礎づくりこそが必要であると考えている。そのためにコアとなる人材を特命担当に任用することや、意図的に研修会等に参加させ、その成果を校内研修会で広げさせていく形を構築している。また、次の世代の教員を助手として帯同させ、ノウハウを学ばせる。さらに、実施に伴うデータの蓄積は教職員の負担感を大きく軽減する。そのため実施後の反省を生かし、いち早く改善点を協議し、次年度に向けて素案をデータ化して記録していく。その際、講師の方々の意見も必要に応じて取り入れるなど、長期実施を念頭にした協働を意識し、学校組織として一連の流れを確立していく。毎年、「校内ハローワーク」が終了した瞬間から次年度の計画と協力依頼が始まっていくのである。

右の写真は「校内ハローワーク」の全体会の様子だが、２名のキャリア教育コーディネーターも舞台に上がり、これまでの関わりを紹介する。単に一時的に参加しているのではなく、継続的に教育参加していることを講師陣、教職員、保護者、生徒に印象づけていく。

教職員が多くの外部人材と関わることは、社会で求められる能力を知ることや、異業種の方々と教育関係者との考え方の違いに接する機会となり、新たな視点での学校教育の見直しにつながる。このような機会が学校に新しい風を吹き込む。

補助資料／実施報告・御礼

平成２５年度『校内ハローワーク』実践報告・御礼状例（次年度につなげるお礼状）

平成２５年度　『校内ハローワーク』実施報告（平成２５年１０月５日）

～「ねらい」が明確でないものに成果は期待できない～

荒川区立諏訪台中学校

校長　清水隆彦

１０月５日（土）に３０業種の社会人の皆様にご協力をいただき『校内ハローワーク』を実施させていただきました。学校行事は、とかくある行事を準備し、一旦終えると実施できたということだけで満足感で一杯になりがちです。それぞれの行事を次の何につなげるかをあまり考えず、一過性でイベント化されやすい傾向があります。大切なことは、その行事を通じて生徒の何をどう育てるのか、その目標達成のためにどのような「しかけ」を設定し、その成果を検証するのかが極めて重要となります。

今回の「校内ハローワーク」では実施に向けて、教職員、そして当日の講師の皆様に目標をしっかりと意識していただくようにしました。

今回の取り組みの目標は、今の中学校生活を見直して将来につなげさせる、そして未知の職業を知り、可能性の広さを体感させることでした。

生徒の職業に対する知識量は大人ほど多くはありません。ひとつ目の大きな目標として、①講師の先生方からお聞きするお話により、職業について多くの情報を得て自分の将来について考え、学ぶ意欲につなげるという目標を設定しました。生徒はとかく知っている仕事、興味のある仕事を選択しがちです。これは職場体験においても同様の傾向があります。各中学校では、生徒の第１希望を叶えようと必死に受け入れ事業所を探すことになりますが、物理的に可能な地域もあるものの、むしろそうでない地域の方が多いはずです。職場体験の目標を社会人としての求められる力を学ぶ、知らない職業を体験しその職業の魅力を知る、地域産業の良さを学び、報告することで地域を見直すとなれば、必ずしも第１希望である必要はなくなるはずです。

今回の「校内ハローワーク」では、全校生徒が希望で選べる職種はひとつとし、残りふたつの講座は機械的に割り振り、未知の職業と出会うことを重視しました。

そしてふたつ目として、職業と出会うという大きな目標以上に重視したのが「中学校生活を見直す」ということです。職業のお話をお聞きすることで将来社会人として求められる知識、能力が明確になり、中学生として生活する今を見直すことにつなげたいということです。学校生活へのフィードバックです。講師の先生方には、事前の打ち合わせで、職業の紹介とともに、社会人として求められる能力、条件等を意図的にお話しいただき、中学生の今、何を努力し、生活をどう見直すべきかをポイントにお話しいただきたいとお願いしました。このように「ねらい」を明確化することで、その行事の実施意義は何倍にも広がっていきますし、次の行事や育てたい生徒像につながって行きます。

今回の『校内ハローワーク』では準備段階からおふたりのキャリア教育コーディネーターの方と特命担当教諭、校長で何ヵ月もかけて準備を進めてきました。さらに当日の運営には、複数のキャリア教育コーディネーターの皆さん、大学生ボランティア、そして保護者の皆様に講座の一部を受け持っていただくなど３重にも４重にも輪が広がりました。ひとつの行事での生徒の成長は微増かもしれません。しかし、その積み重ねは必ず将来の社会人としての大きな成長に結びつくものと信じます。

休日にもかかわらず、多数の職業人の皆様にご支援いただき、無事に「校内ハローワーク」を実施できましたことに対し、この場をお借りして厚く御礼を申し上げます。本当にありがとうございました。

【ご指導いただいた職種】

・ 大学助教・ライター・機械系エンジニア・銀行員・会社経営者（社長）・弁護士・声優
・ 警察官・インテリアコーディネーター・人事採用関係者・新聞記者
・ 経営コンサルタント・美容師・マーケティング関係者・映像ディレクター・医者
・ クッキーソムリエ・パティシエ・消防士・プロ野球関係者・鉄道関係者・旅行業務者
・ カメラマン・飛行機整備士・アニメーター・トリマー・クラブチーム運営者・保育士
・ 不動産開発者・キャビンアテンダント

以上３０業種

【開会式】

【入念な講師との打ち合わせ】

【クッキーソムリエ】

【飛行機整備士】

【マーケティング】

【弁護士】

【美容師】

【会社経営者（社長）】

【エンジニア（機械）】

【大学助教】

【保育士】

【パティシエ】

【プロ野球関係者】

【経営コンサルタント】

【旅行業務者】

【声優】

【トリマー】

【銀行員】

【消防士】

【アニメーター】

【映像ディレクター】

【不動産開発者】

【インテリアコーディネーター】

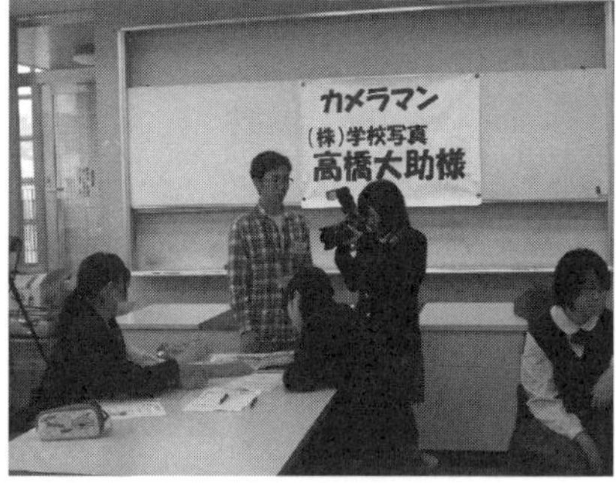

【カメラマン】

【医師】

【新聞記者】

【サッカーチーム運営者】

【人事採用関係者】

【警察官】

【東京メトロ鉄道関係者】

【ライター】

【閉会式代表質問】

【閉会式謝辞】

【事後指導での生徒の感想】一部抜粋

・私は、理科、科学が好きなのですが、地層や化石のお話がとても面白かったです。地層を調べることで何年も前の気温が調べられることに大変驚きました。将来の仕事選びに役立てたいです。（大学助教受講／２年女）

・今日はありがとうございました。いろいろ「やってみる」ことの大切さ、「人との出会い」を大切にすることで、プラス、マイナスがあっても「自分の可能性」を信じてこれからも頑張りたいと思いました。（ライター受講／３年男）

・お話をとても楽しく聞かせていただきました。「機械エンジニア」の意味も知りませんでした。私は機械を触るのも苦手で、機械に興味がなかったのですが、今回のお話をお聞きして「機械エンジニア」の素晴らしさがわかりました。（機械エンジニア受講／３年女）

・社長さんのイメージが変わりました。物事を判断することが大事だということがわかりました。社長はただ偉そうにしているのではなく、社員の皆さんをしっかりまとめる大変な仕事だということがわかりました。（会社経営・社長受講／３年男）

・実際にコーディネートされた部屋の写真を見せていただき、すごくかっこいいお部屋になっていてすごいと思いました。インテリアコーディネートのお仕事は、最初少しだけ興味をもっていましたが、お話を聞いてさらに興味をもつことができました。（インテリアコーディネーター受講／２年女）

・講師の先生が人生の中で大変な思いをされたことの話が印象に残りました。人はいろいろな経験をして成長するということを学びました。これからつらいことがあっても前向きに頑張れそうです。ありがとうございました。（人事採用関係者受講／２年女）

・今日のお話はとても興味のもてるお話でした。何か心にグッとくるものがありました。時間がすごく短く感じました。これからの学校生活に役立てたいと思います。（経営コンサルタント受講／１年女）

・とても興味深いお話でした。本気でマーケティングの仕事に就きたいと思いました。お話が本当に面白かったです。（マーケティング関係者受講／２年男）

・映像は人の心を動かせるものだとわかりました。人を喜ばせることや、作品を「一生の宝物」と言われてみたいと思いました。とても面白く、楽しかったです。将来、映像ディレクターになってみたいです。本当にありがとうございました。（映像ディレクター受講／１年女）

・自分は将来医者になりたいと考えています。整形外科医や精神科医になりたいです。先生のお話をお聞きして内科医にも興味がわきました。患者さんに寄り添える人になりたいです。（医者受講／２年女）

・母も同じことを言っていましたが、食事は自分のために作ろうと思うとあまり美味しく作れない。人のために美味しくと思って作ることが大切だということです。教えていただいたクッキーの作り方を試そうと思います。（クッキーソムリエ受講／１年女）

・わかりやすく丁寧にお仕事のお話をしていただき、ありがとうございました。パティシエになるのが夢ですが、将来のフランス語学習のためにも中学校での英語の授業を頑張らなくてはと思いました。（パティシエ受講／２年女）

その他多数

◆◆◆◆◆◆◆◆◆◆◆◆◆◆◆◆◆◆◆◆◆

「おもしろ探求授業」の実践

◆◆◆◆◆◆◆◆◆◆◆◆◆◆◆◆◆◆◆◆◆

前項で紹介した「校内ハローワーク」は、職業人による各職業の専門性についての講話や実体験に基づき、中学生に期待すること、求めたいことを話していただくことで、学校生活を見直すことを目的に実施してきた。

外部人材を活用するものは、特別活動や総合的な学習の時間に限るものではなく、各教科領域においてもその成果を期待できる。ここで紹介する「おもしろ探求授業」はひとつの事例だが、学校環境を生かし、各教科の領域で外部人材を活用した実践事例である。

各教科の学習に意欲的に取り組む生徒を育てるという視点で、興味・関心のある教材を提示するとともに、主体性を育てていくためには、学習活動の中に生徒自らが追究する探求活動や課題解決活動を取り入れていく必要がある。また、生徒に多様な学習内容を提示して、生徒が自ら選択して取り組むことでより興味・関心を高めることにつなげられる。

開始当初は理科関係の講座を中心として、探求活動を通して主体的に学ぶ生徒の育成を研究することから始めた。その後教科の拡大を目指し、新たな試みとして外部を多様な場面で活用した指導方法と内容の開発（プログラム開発）を進めた。平成18年度には11講座を開設し、全校生徒が１講座選択する生徒選択式の２時間続きの授業を実施した。平成19年度からは、平成18年度までの理科を中心とした講座から、全教科に範囲を広げて講座を開設していった。

生徒は各教科の分野ごとの専門家による講義を受け、本物のすごさを体感するとともに、これまで以上に教科に対する興味関心を高め、次の学ぶ意欲へと発展させていった。また、それぞれの分野で活躍する講師は、社会人として職業の専門家であり、「校内ハローワーク」とともに講師の職業観をいつしか意識し、自分の将来につなげる職業講話的な色合いも兼ねていった。

１講座を約15～25名とし、学年ごとに総合的な学習の時間を使い、２時間連続で実施した。また講師は各研究機関の研究者、企業での専門家、プロスポーツ選手、弁護士等多彩なメンバーが顔をそろえた。弁護士による裁判の講座では、事例を元に模擬裁判を行う。弁護側と検事側のやりとりはいつしか熱を帯びた議論へと発展する。講座後の生徒の反応は「初めての経験だったが、議論することがおもしろい」と話す。また、プロバスケット選手が体育の授業を受け持つ。プロが行うトレーニング方法を体験するが、すぐにレベルの高さに悲鳴をあげる。厳しいトレーニングに裏付けられた本物の技に生徒は目を奪われる。限られた時間ではあるが、各分野のスペシャリストが教科への興味関心を強く導き出す。

【平成１９年度　教科の各分野における研究機関例】

１．開設講座

(1) 第１学年

○深海の世界（理科）　海洋研究開発機構

○おもしろ物理実験・ムシの動きをまねたロボットの話（理科）
都立産業技術高等専門学校

○おいしさの科学（理科）　味の素株式会社

○三味線（音楽）　ＮＰＯ法人 三味線音楽普及の会

○木材加工（技術）　ものつくり大学

○ものづくり体験教室（理科）　社団法人　発明協会

(2) 第２学年

○エコ発電（技術）　東京電力株式会社

○人間と電気（理科）　都立産業技術高等専門学校

○生命と進化（理科）　理研バイオリソースセンター

○三味線（音楽）　ＮＰＯ法人 三味線音楽普及の会

○電子工作（技術科）　都立荒川工業高等学校

(3) 第３学年

○宇宙（理科）　国立天文台ハワイ観測所（遠隔授業）

○二足歩行おもちゃの制作と力学の勉強・人間の不思議（理科）
東京都立産業技術高等専門学校

○「バスケットボール」（体育科）　ＪＯＭＯバスケットボールクリニック

○三味線（音楽）　ＮＰＯ法人 三味線音楽普及の会

○裁判員制度（社会科）　第二東京弁護士会

「おもしろ探求授業」（実践事例・講師役職等は平成１９年度実施当時のもの）

講座１年「海の温暖化」
１主題:**温暖化による海面宙の研究は、みんなが主役**
２授業者: ＮＰＯ法人気象キターネットワーク　気象予報士
福田　寛之先生

講座１年「深海の世界」
１主題:**深海とはどのような世界だろうか**
２授業者：海洋研究開発機構 海洋地球情報部　広報課
加藤　　聡　先生

講座１年「木材加工」
１主題:**技能五輪全国大会を知ってますか**
２授業者 ものつくり大学 建設技能工学科 教授 **赤松 明先生**
(他大学生3名)

講座２年　音楽科「三味線」
１主題：**三味線に親しもう**
２授業者：ＮＰＯ　三味線音楽普及の会
吉住　小督先生、吉住　小留実先生

講座２年「エコクッキング」
１主題：**自然環境を考えた料理方法と実習**
２授業者：東京ガス株式会社 東部支店学校担当係長
髙橋　順子　先生

講座３年「バスケットボール」
１主題：**バスケットと触れ合う！**
２授業者 ＪＯＭＯバスケットボールクリニック
専任コーチ　**大山　妙子先生**

講座３年　「宇宙」
１主題:**宇宙の研究は、みんなが主役**
２授業者: 国立天文台ハワイ観測所すばる望遠鏡広報室
布施　哲治先生
(テレビ会議システム使用)

講座3年　「生命・進化」
１主題：**DNAに触れて生命・進化の謎に迫る。**
２授業者：理化学研究所 横浜研究所 ゲノム科学総合研究センターゲノム機能情報研究グループチーム リーダー**権藤　洋一先生**

講座3年　「裁判」
１主題：**裁判員制度における裁判員の役割**
２授業者：フェアネス法律事務所 弁護士　**牧野　茂先生**

指導案例①

荒川区外部講師派遣事業　－おもしろ探求授業－

「深海の世界」　学習指導案

1　主　題　　深海の世界とはどのような世界だろうか

2　場　所　　荒川区立第三中学校　理科実験室

3　日　時　　平成２１年１月２６日（月）　5校時(13:30～14:20)
6校時(14:30～15:20)

4　授業者　　海洋研究開発機構　海洋地球情報部広報課　品川　牧詩先生

5　対　象　　第１学年　　約２０名

6　本時の授業

(1)　授業の構想

深海の調査は圧力との戦いです。加圧容器の中にカップ麺の容器を入れ、１０００ｍ相当の圧力をかけて容器の変化を観察してみましょう。また、深いところの海水を取るための機器、採水器を使って水を取ってみましょう。深海の映像を見ながら、深海とはどのようなところか想像してみてください。そこで生息する生物や役割について説明します。

(2) 授業のねらい

① 圧力という普段は目に見えないものを観察することによって、圧力を実体験させる。その上で、圧力に耐えうる調査機器の構造を説明する。

② 現場で使用されている採水器の仕組みを紹介する。その中で、圧力という観点から、採水器がどのように工夫され作られているのかについて理解を促す。

③ 海水および淡水の中に生息するプランクトン群落を観察し、彼らが圧力に対してどのように適応しているかについて説明する。そして、海洋調査船の圧力対策との類似点について考察する。

(3) 評価計画

① 関心・意欲・態度
生徒一人ひとりが深海の世界に興味・関心をもち、加圧実験や採水実験に意欲的に取り組んでいるかをみる。

② 思考・判断・技能・表現
加圧実験を行う前に加圧したらどうなるかを予想させ、実験後に、なぜそうなったについて思考させる。

深海の映像を見ながら、深海とはどのようなところか説明できるか。またそこで生息する生物や役割について考えられるか。

③ 知識・理解
圧力に対する様々な対応方法を、理解することができたかを確認する。

(4) 本時の展開

時間	生徒の学習活動	探求活動の指導・支援上の工夫	評価の観点
０分	《導入》 パソコンによる写真を見ながら説明をおこなう。	深海の世界とは、どのような世界かを考えさせる。 「しんかい６５００」の誕生や深海調査について、ようすを紹介する。 深海における作業はどのような工夫がなされているのかについて説明する。 海洋調査時の経験を話し、船舶による調査を生徒たちが想像できるようにする。	興味・関心：深海の世界に興味をもっているか。 深海の作業がどれだけ大変か理解することができたか。
６０分	加圧実験 深海についての説明を聞く。 ディープアクアリウムの説明を聞く。	加圧容器の中にカップ麺などの容器を入れ、１０００ｍ相当の圧力をかけて形状の変化を観察する。（実習・講義） 深海の映像を紹介し、深海とはどのようなところなのかを解説する。 不思議なプランクトンの生態やその他の生き物について、圧力への適応を中心に説明する。	思考：加圧実験の結果を予測することができたか。 思考：圧力に適応してプランクトンが生息していることを考えることができたか。 知識・理解：深海がどのような世界かを理解することができたか。
９０分	《まとめ》 学習内容の整理	観察・実験の結果をもとに、深海の世界がどのような世界かを説明する。	興味・関心：ディープアクアリウムを関心をもって観察したか。
100分			

指導案例②

荒川区ティーチングスタッフ派遣事業 —おもしろ探求授業—
「 三味線講座 」 学習指導案

1　主　題　　「三味線に親しもう」

2　場　所　　荒川区立第三中学校　　　音楽室

3　日　時　　第３学年　平成２２年１月２８日（木）　5･6校時(13:20～15:10)　100分
　　　　　　第２学年　平成２２年１月２９日（金）　5･6校時(13:20～15:10)　100分
　　　　　　第１学年　平成２２年２月　２日（火）　5･6校時(13:20～15:10)　100分

4　授業者　　佐藤　由紀子　先生　　　吉住　志保　先生

5　対　象　　各学年希望生徒　約２０名

6　本時の授業

(1)　授業の構想

> 普段あまり触れることのない、和楽器「三味線」の講座です。三味線に初めて触れる人でも、楽器の持ち方や、演奏する姿勢など基礎から学んでいきます。今回は2時間で「さくら」を弾けるように練習していく予定です。日本に昔から伝わる、伝統文化の世界を体験します。

(2) 授業のねらい

①日本の伝統音楽に親しむ。

②三味線の各部の名称を覚え、扱い方や、基礎的な演奏方法を習得する。

③本格的な演奏を鑑賞し、和楽器に興味を持つ。

(3) 評価計画

①　関心・意欲・態度　　意欲的に三味線に親しもうとしているか。

②　思考・判断　　よりよく演奏するように工夫しているか。

③　技能・表現　　楽譜通りに正確に演奏しているか。

④　知識・理解　　模範演奏に関心を持って聴いているか。

(4) 本時の展開（含休憩）

時間	生徒の学習活動	探求活動の指導・支援上の工夫	評価の観点
３０分	《導入》 本時の流れ確認 三味線の扱い方確認	本時の流れを簡単に説明する。 三味線の扱い方を説明する。 各部の名称、姿勢、構え方、撥の持ち方、指かけの掛け方、勘所の押さえ方、奏法、調弦法などを指導する。	意欲を持って三味線に親しもうとしているか。
２０分	《展開》 実践 「さくら」の練習	基本練習 「さくら」の音取り 弦の弾き分けの練習 左手で素早く勘所を押さえる練習	質問などを通して理解しようとしているか。 指使いや撥の動きなど、正確に弾けているか。
１０分	休　憩		
２０分	「さくら」の練習	通し練習 合奏	より高い表現力に向け工夫し、努力しているか。
１５分	模範演奏鑑賞 後片づけ	講師による模範演奏 正しい後片づけの方法を指導する。	静かに興味を持って鑑賞しているか。
１５分	《まとめ》 質疑応答	生徒からの質問に答える。	疑問に思ったことを積極的に質問できたか。また、本時を振り返り、きちんと自己評価できたか。

環境教育で地域人を育成するキャリア教育

キャリア教育をどのように捉えたらよいのか、迷う教職員が多い。いち早く理解し各施策を推進するため、校長として教職員に対し、キャリア教育とは学校教育の中で「社会人、職業人、地域人を育成する教育」と定義を示し、各教育活動に取り組ませていった。そうすれば地域人の育成という点では、これまでにも行われていた総合的な学習の時間で扱う環境学習や、特別活動で生徒会等が中心となって取り組む奉仕活動等は、極めて重要なキャリア教育と位置づけることができる。

大切なことは、これまで実施している個別の取り組み（断片）をつなげていくことであり、そのことがより大きな成果へと結びつくのである。断片をつなぐ取り組みは学年から学年へ、小学校から中学校へ、中学校から地域へと網の目のような広がりを見せていく。中学校で生活する生徒は、間違いなく10年後には地域を支える大人の年齢に達する。そのことを考えると中学校での環境教育は地域人の育成につながり、キャリア教育の視点で極めて重要な意味をもってくる。地域人の育成の視点で取り組んだ特別活動、総合的な時間での実践事例を次に紹介したい。

実践事例①

「環境を守り、環境を創造する第三中学校での取り組み」

～生徒を中心とした地域清掃活動～

1．学校を取り巻く環境を生かす

全国の中学校は、それぞれ学校を取り巻く環境や状況が異なり個々に生かすべき素材が違う。よく「本校の地域では特色がない」という話を聞くことがある。特色がない地域が存在することはなく、必ずそれぞれに特色をもっているはずである。要はその素材を見つけ生かそうとする姿勢が学校にあるかどうかである。大切なことは学校を取り巻く環境や特色をいち早く認識し、それをどのような形で教育活動に取り込み活用していくのかを思考する学校組織をつくることが重要である。

私が９年前に校長として勤務した荒川区立第三中学校は、隅田川のほとりに位置する高層住宅街の中にあり、東京都の白鬚西地区再開発事業に伴う人口増を見越して、平成14年４月に現在の場所に移転した中学校である。この中学校は都内でも数校程度という教科教室型の学校で、生徒は時間割に合わせてそれぞれの教科教室を移動したり、ノーチャイムでの学校生活を送ったりしながら学校生活の中で一人ひとりの自主性を育成していた。

隅田川沿いにあり、再開発された近代的な新しい街並みを見ながら、着任後すぐに特色と思えるものが多数発見できた。大きな特色と捉えることができたのは、地域住民の多くは新しい街に移り住み、自らが新しい街づくりに何らかの形で参加したいという強い意欲であった。同時に、学校教育に積極的に参加したいという当事者意識も強く感じられたことが最大の特色であった。近い将来、地域人として活躍する中学生への期待感は、中学校教育の充実発展に期待する意識でもあった。

新しい街に住む生徒だからこそ街の環境を守ろうという意識は高く、キャリア教育の地域人育成という視点で環境教育、環境活動に取り組んでいったのである。この環境を生かし、近い将来の街の構成者としての自覚を高め、また地球規模で環境を守る意識を育成するため、大きくふたつの柱で環境への取り組みを行っていった。

そのひとつが、生徒会を中心とする生徒ボランティアによる環境活動である。もうひとつは年間教育計画に基づき、地域の方々と連携する形の環境学習を実践していくというものであった。また、この中学生の環境活動が地域住民の環境保全に対する意識を啓発するものへと発展させていった。

2．地域清掃活動への具体的な取り組み（生徒会を中心とした環境への取り組み）

①　毎週金曜日に地域早朝清掃を提案

平成18年度、生徒会を中心に毎週金曜日に早朝清掃（クリーニング・プロジェクト）のボランティア活動を提案した。それ以前にも地域の方々が毎月1日と30日に地域清掃を実施していたことに、年に数回全校生徒が協力する形で行ってはいた。

その時の生徒会の提案は、生徒一人ひとりに自分たちの過ごす街の環境を守ろうという意識を高めてもらいたいというものであった。当初、どれだけの生徒の参加があるのか心配する生徒会役員もいたが、始まってみると全校生徒の40％にあたる生徒が毎週金曜日の早朝に参加し、初年だけで年間累積3500人をはるかに超える生徒が参加した。地域清掃に参加する生徒の多くは、新しくできた街には予想以上にゴミが多く、街が汚れていく危機感と自分自身が地域人として環境を守るという意識が芽生えはじめていったのである。

以来、毎週行われる地域早朝清掃は生徒会の声かけを中心に、すでに開始8年を経過している。再開発された街並みで近い将来、地域の大人として生活することを意識しながらきれいな街を維持し、自分たちの街から絶対にゴミを出させないという意識が予想以上の高まりを見せたのである。この取り組みの成果については、開始の翌年に行われた平成19年度の「荒川区制75周年記念・隅田川サミット」で発表し、その後、毎年3月の環境発表会で本校の環境に対する取り組みの成果を区民に向けて発表していった。

② 区民へ向けた成果発表

・環境サミット参加(平成19年9月2日)

荒川区制施行75周年記念事業、環境フェスタ2007に参加した。環境サミットには、荒川沿いの都や県から7校の中学生が参加し、それぞれの取り組みについて関係者や区民に広く公表し、地域での理解を深めることができた。

本校では日頃の取り組みである清掃活動を中心に発表した。このような形で広く活動を発表していくことは、地域人育成という視点で生徒の活動が認められる機会となり、発表者が自信をもってより意欲的に活動することや、次の活動に新しい生徒のリーダーを巻き込む形となり、活動の輪を広げていった。

③ 第2回中学生環境サミット(平成20年8月30日)

荒川・隅田川沿いの自治体の7校の中学生が参加して、第2回中学生環境サミットが行われた。

当日は、水上バスで隅田川の視察や環境課職員より環境行政の具体的な取り組みについての説明が行われた。生徒は各校混じってグループを作り、それぞれの活動について情報交換を行った。また、荒川下流域の視察、中学生による交流会が第三中学校で行われた。

荒川という共通点でサミットは広い範囲の地域の環境学習へと広がりを見せた。

④荒川中学生サミット（平成20年11月６日）

埼玉県の秩父市で開かれた荒川の上下流域の８校の中学生が、森林や河川の環境保全について考える「荒川中学生サミット」が開催された。

午前中は、秩父ミューズパークの森で植樹やドングリを拾い、数年後に植栽するためにポットに植えて持ち帰った。午後から秩父市立影森中学校体育館で環境学習や活動の事例発表を行った。その後も毎年行われる「環境サミット」において本校の取り組みを他県の中学生に向け発信した。

⑤　ゴミゼロ作戦（５月30日）

この取り組みは、年に１回、５月30日（ゴミゼロ）に全校生徒を対象に地域清掃活動を実施している。毎週ボランティアでクリーニングプロジェクトを実施しているものの、全校一斉の取り組みは壮観である。毎年、隅田川沿いの都立汐入公園や地域の生活エリアを中心に、一斉に清掃活動を実施した。たくさんのゴミが回収でき、大きな成果をあげることができた。

⑥　ペットボトルキャップの回収運動（生徒会主催）

地域からゴミを出さないという目的とともに、資源の再利用という視点で「ペットボトルのキャップを捨てるのではなく、学校で集めて、世界の恵まれない子どもたちにポリオワクチンを贈ろう」と生徒会の呼びかけで平成19年度よりこの活動が始まった。

エコキャップ回収運動は、驚くほど速いスピードで生徒、保護者とともに、地元小学校を巻き込み活動の輪を広げていった。また、地域の方々からも積極的な協力があり、一日に何度もキャップを届けてくださる方もいるほどであった。

結果として開始半年で98,000個を、６月回収分では124,000個をボランティア団体に託すことができた。初年度では累計355,920個に及んだ。

ペットボトルキャップは、回収ボランティア団体の方に生徒会役員が手渡している。ペットボトルの収益は「NPO法人世界の子どもにワクチンを　日本委員会（JCB）」を通じ、海外の子どもたちに届けられることになっている。

初年度の回収分でポリオワクチン約360人分となり、小さな積み重ねが大きな成果に結びついていった。現在も続々と学校へエコキャップが届けられている。この取り組みがゴミを出さない環境保全の姿勢を身につける、環境資源を大切に有効活用することの重要性を学ぶ、世界の恵まれない子どもを救うボランティア精神の育成というねらいのもと、現在もこの取り組みは継続中である。環境への取り組みが地域と学校を強く結びつける結果となった。

当時、小中一貫教育研究推進校の研究指定を受けている関係もあり、その一環として生徒会と児童会の協働作業ということでエコキャップ回収の協力を呼びかけ、小中合同での取り組みへと拡大した。

また、学校のある汐入地区では、コンビニエンスストア、町会事務所、通りの何ヵ所かにペットボトルキャップ回収箱が設置され、本校で始めた運動が地域に広がりを見せていった。

⑦学校まわりの地域への植栽活動

平成18年当時、汐入地区は再開発がほぼ完了した地域ではあったが、部分的に建設工事が残っている場所もあった。生徒の協力を得て、工事現場のフェンスや人通りの多い学校周辺にペットボトルを再利用した鉢、ハンガーを再利用した留め金を作成し、年間にわたり、花のある美しい風景を地域に提供していった。夏休み等の長期休業の際は「水やり隊」というボランティアを募り、生徒による花を枯らさないための努力が続けられていった。生徒が地域環境整備に取り組む姿勢に、地域の皆さんからは一年中花を楽しむことができると感謝の言葉を多数いただくほどだった。

実践事例②

「総合的な学習の時間における環境学習の取り組み」第1学年　環境教育学習

1．テーマ「私たちの暮らす街の将来の姿を設計しよう！」

本校では「総合的な学習の時間」をつかい、毎年１年生では「環境」をテーマに様々な環境学習を進めていた。とくに平成19年度より３年間は「国土交通省環境行動計画モデル事業」の指定を受けた荒川区「環境交通のまち　あらかわ」の取り組みに積極的に関わり、地域の皆様とともに環境学習に取り組んだ。

【地域人材と行った開講式】

これまで続けてきた環境学習を、キャリア教育の視点で見直した取り組みともいえる。この学習では「歩いて楽しいまちづくり」を合言葉に「環境」「交通」に関するテーマを設定し、生徒の興味や関心に従い、班で決めた活動にそって、校外で体験活動を含んだ調査・検討を行った。その結果として「私たちの暮らす街を設計しよう！」と題する発表会を実施した。このテーマの中には、９年前より蓄積した二酸化窒素の残量調査等も含め、９つのコース班に分かれて実施することとした。

①「窒素酸化物（NO_2）と交通」チーム

○活動概要と活動のねらい

大気中のNO_2濃度と自動車交通量の関係を調べ、汐入のまちで排気ガスの影響を少なくするためのアイデアを考えること。簡易分析セット「はかるくん」を用い、20ヵ所の測定を行った。結果を２年前の測定結果などと比べ、考察した。

②「第三中学校周辺の交通量調査からわかること」チーム

○活動概要と活動のねらい

中学校周辺で車種別の交通量を調べ、交通量調査の結果からいえることを考えてみること。学校周辺の４ヵ所を選び出し、車種別（乗用車、貨物車など）に通った車の量を計測した。

③「自転車をかしこく使うまちになるために」チーム

○活動概要と活動のねらい

どこにどれだけ駐輪場があるか、どこに困った駐輪があるか、お店の人や役所の人たちがどんな努力をしているかなどを調べ、「自転車をかしこく使うまち」になるためのアイデアを提案すること。ドナウ広場、LaLaテラス、駐輪施設の駐輪の様子を調べた。LaLaテラスの管理の方や区役所の方にお話を伺った。

④「車椅子のバリアフリー体験からわかること」チーム

○活動概要と活動のねらい

車椅子の体験を通じて、街の中のバリアを見つけ、社会的ジレンマについて考えることとした。「コツ通り」、「LaLaテラス」、「べるぽーと」の３つのチームに分かれ、バリアの状況を車椅子で生活をされている「街づくりの会」の方と一緒に体験し、結果をマップに整理した。このチームには社会福祉協議会の皆様、車椅子を日常使われている障害者の方たちとともに車椅子でまわり、調査した。

⑤「汐入のベンチ探検隊」チーム

○活動概要と活動のねらい

歩いて疲れたなと思ったら、景色を眺めたいなと思ったら使えるベンチはあるか？　など、歩いて楽しいまちにするため「ベンチ」という視点からまちを調べ、提案を考えること。三丁目、汐入公園、LaLaテラス、二丁目の４チームに分かれ、調査票を元に調べ、結果をマップに整理した。

⑥「汐入の魅力スポット調査隊」チーム

○活動概要と活動のねらい

中学生の視点でみた、まちの魅力スポットを発見・発掘し、それらを地域の内外の方に伝える方策を考えること。汐入公園・べるぽーと、LaLaテラス・ドナウ広場・延命寺などを調査し、調査票をまとめ、マップに整理した。

⑦「汐入地区のバス路線計画局」チーム

○活動概要と活動のねらい

地域の人がよろこんで使ってくれるバスって、どんなものだろう？　いろいろな立場の人のことを考えて、汐入の理想のバス路線や運行の仕方などを考えてみることとした。コミュニティバス「さくら」の乗車体験、運転士さん、お客さんの意見を伺った。

プロの支援を得つつ、汐入の街の特徴を考え、工夫をし、皆さんに愛されるバス路線を考案した。

※この班が企画したコミュニティバス路線は、平成20年10月下旬に新路線として実現した。

生徒が高齢者の皆さんの生活を意識し、汐入地区を走るコミュニティバスの新路線を考案し、校内の発表会で学年の生徒に示した。また、この内容を地域に提案し、地域の皆さんのコミュニティバスに対する関心はさらに高まっていった。また、新しい路線を考案中であったバス運行会社にも地域の声が届き、多くの皆さんの力添えで中学生が考案したものに近い形で、現実にコミュニティバスの新路線が実現の運びとなったのである。

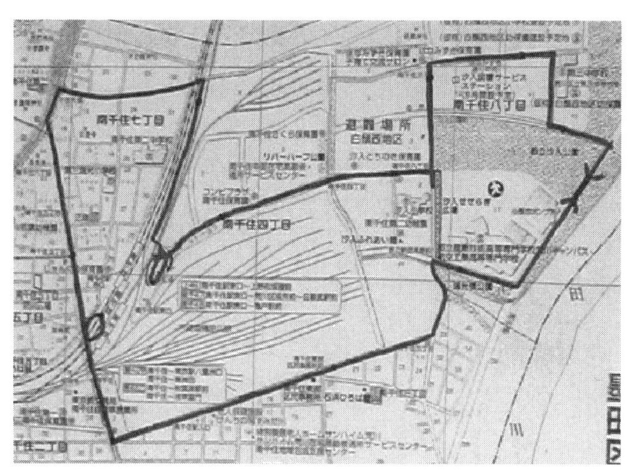

⑧「汐入の交通の歴史を知る」（隅田川駅とふるさと文化館）チーム

○活動概要と活動のねらい

「環境交通まちづくり」のため、「貨物による輸送」について何を考えれば良いか。汐入の歴史を学びつつ考えることとした。隅田川駅とふるさと文化館の見学を通じ、貨物の輸送の今、歴史的経緯を学んだ。それらを踏まえ、貨物輸送を考えた。

⑨「フードマイレージって知っていますか」チーム

○活動概要と活動のねらい

同じ生産物でも、輸送の方法により、CO_2発生量は大きく違う。カレーライスをテーマに、フードマイレージを計算してみる。そして、これを減らすためのヒントを考えることとした。フードマイレージについてPCを活用して学び、スーパーに行って食材を調べ、カレーライスとてんぷらうどんのポコ（フードマイレージの単位：100g-CO_2）を計算した。

環境学習は常に地域の方々の協働という形で実施している。この年も地元町会の方々、社会福祉協議会、環境交通に関わる事業所の方々等、総勢20名のご協力をいただいた。９つに分かれたグループでは、窒素酸化物の残量調査を行い、過去のデータとの比較や交通量調査により環境汚染の状況について考える班、バリアフリー体験や都立公園のベンチを調査し快適な生活環境について考える班、汐入地区にミニバス路線を考え、人の流れを考える班と様々な切り口で環境を考える取り組みを実施した。

２．平成21年度　第１学年の取り組み（自転車シェアリングの実施）

環境に優しい自転車の有効活用策を探るため、本校の１年生が平成21年10月11日に「自転車シェアリング」の実地検証を行った。これは前年度の１年生が企画した、自転車シェアリングによる環境改善策を具体的に実践してみることで成果を検証しようというものであった。このように、キャリア教育の地域人育成という視点で行った環境学習が、学年間で継続的につながった実践事例ともいえる。

実際に一般区民の皆様に自転車を利用していただき、利用後、様々なアンケート調査を実施し、考察結果をまとめることで今後の方向性を探っていった。これらの取り組みの結果については区の発表会で区民に向けて公表した。この取り組みについては各新聞社の取材があり、全国紙で大きく報道される程だった。

環境学習発表会終了後、発表会及び活動全体のふり返りを実施した。(生徒の声抜粋)

○ 活動をふり返って良かったと思うこと

・NO_2が減っていて、地球にやさしくなっていると知り良かった。地球に対する自分の考えが変わって良かった／積極的に協力できた／NO_2が多い場所、少ない場所の共通点を見つけられた

・環境について自分自身でも深く考える機会が増えた／この先のことを考えるようになった

・放置自転車がどのあたりに多いかがわかった

・車椅子の方の苦労が分かった／障害のある人の気持ちになって考えることができるようになった

○ 活動を通じて学んだこと、できるようになったこと

・地域の大切さを改めて知った／時と場合によって、クルマを使わなくても良いと思った／それぞれが意識をして環境を大切にすることを学んだ／意外に空気が汚れていることがわかり、なるべく自転車を使うようにする

・車のナンバーを見分けられるようになった

・ルールを守っていない人が意外と多かった／自転車への考え方が今までと変わって、放置自転車を見ると気にするようになった

・小さなバリアでも、障害のある人にとっては大きなバリアになる／自分のことだけではなく、他にも目を向ける／人の気持ちを考える／街の中に隠れている、バリア、バリアフリーを見つけることができるようになった

・協力すればいいものができあがる／自分の意見を持つ／自分自身も汐入のいいところがたくさんわかった／人のためにできることはたくさんあることを学んだ
・汐入は、今と昔ではすごく変わったことがわかった／自分の意見を少しだけ言えるようになった気がする
・食べ物について大切なことがわかった／なるべく国産のものを買ったほうが良い／どうしたらCO_2を減らせるか

平成19年度より始めた環境交通学習は、年度ごとに前年度の学習の成果を踏まえ、時には焦点化し、時には新しい発想で取り組みを継続させていった。

3．小中合同環境席書会の実施

とかく環境学習というと、これまで述べてきたような地域に出かけてのものが多くあるが、新しい試みとして平成22年度からは「環境席書会」という形で環境を考える学習をスタートさせた。これは、小中一貫教育のひとつとして環境保全に関する言葉を書くことによって、身の回りの自然保護等、環境保全の大切さについて考えるという取り組みであった。

当日は小学校４年生、中学校１年生の約290名が参加した。各小中学校では事前に環境についての話し合い活動や調べ学習を進め、環境学習終了後に自分が環境についてイメージする文字を合同席書会で書き上げるというものである。当日は、小中学生が合同でグループ分けされ、中学生が小学生を指導する中で、なぜその文字を選んだのかを話し合うプロセスを重視した。小中学校を結ぶ、国語と総合的な学習の時間が環境をテーマにキャリア教育の視点で結ばれた事例である。

４．地域人の育成に向けたキャリア教育のまとめ

地域人の育成という視点を取り扱ったこれらの事例の中には、これまでも部分的には行われてきたものがある。大切なことはその断片をキャリア教育という視点でつなぐことに意義があり、そのことで個々の行事の精度が向上することになる。

本校が行ってきた環境への取り組みは、大きくふたつに分けられる。そのひとつは、生徒会を中心とした環境を守る環境美化活動（ゴミゼロ作戦、クリーニング・プロジェクト、エコキャップ、植栽活動等）である。生徒の自主的な取り組みは、地域の環境整備に大きな成果をあげるとともに、生徒自身に環境を守ろうとする意識を育てることに役立っている。また、日頃の活動の成果を環境サミット等で、区内、他県に向けて発信する活動が、環境に対する意識向上へとさらに拍車をかけることになる。また、地域で生活する住民が環境活動を行う生徒の姿を見て、地域環境に対する意識を高揚させることへつながる。双方向にこの活動の成果が生み出されている。

もうひとつは「総合的な学習の時間」を活用した指導計画に基づく「環境交通学習」である。意図的・計画的な指導計画に基づいた環境学習では、単にゴミを回収して地域環境をきれいにすることにとどまらず、地域環境をよりよく創造する意識を育てる学習となっている。地域の教育力、地域人材を活用し、環境学習を計画的に実施するものである。特に「国土交通省環境行動計画モデル事業」、荒川区「環境交通のまち　あらかわ」の取り組み等、行政サイドからの研究指定が後押しし、地域の中学生として積極的に関わることができたことは、飛躍的に環境に対する意識改革を推進することへとつながった。単に調査ではなく、地域の環境に対する新しい考え、提案を発信していくことが大きなねらいであった。その後、年間指導計画で進められた活動は、次の学年へと引き継がれることも多くなる。

これまでに示してきたように、多くのコースに分けて研究を始めたものが、次の学年ではテーマを絞り込み、①健康（歩いて楽しい街づくり）②自転車シェアリング③エコポイント④カーフリーゾーンの４つについて研究し、焦点化することで質の高い研究発表を行うことができた。指導計画に基づいた研究は地域発信型へと一層発展が見られた。また、単なる環境活動ではなく、環境破壊等の情報を収集しながら、環境学習、話し合い活動を進め、印象に残った文字を国語科の習字の分野に広げ、書写で表現する取り組みへと広がった。

さらに席書会では小中学校のつながりを大切にするため、ある年は小学校４年生と中学校１年生の合同席書会という形で実施し、学年の枠を越えた取り組みへと発展させた。

地域ボランティア清掃の取り組みや環境学習を開始して８年以上が経過し、初期に体験した卒業生は地域の大人として活躍する日が目前に迫ってきている。

外部人材活用事例（ホテルシェフが教える調理実習）

平成23年度、再開発されたニュータウンの中学校から下町の情緒漂う日暮里駅近くにある中学校に赴任し、それまでと変わらず、キャリア教育の視点を基盤に据えた学校経営をスタートさせた。各学校が建つ地域にはそれぞれの個性があり、生かすべき特色は千差万別である。学校経営者として必要なことは、赴任した学校での課題、特色、育成したい生徒像を踏まえて、それぞれの中学校に合った有効な素材を活用することから始めることである。

教科指導における外部人材の適切な活用と企画は授業の質を変容させ、授業そのものの精度を高めることへとつながる。前任校で実施してきた「おもしろ探求授業」もそのひとつであるが、学校によって伝統が違い、必ず同じ企画を実施すれば良いというものでもない。それぞれの地域には活用できる要素があるという視点が管理職には必要である。転勤した際、活用する素材がないかと地域を見渡したところ、駅前の大きな歴史あるホテルが目に入り、ご挨拶を兼ねて総支配人に協働できることはないかと相談を持ちかけた。総支配人の話で、時間帯によってはシェフを派遣できる可能性があると聞き、家庭科教諭とともに早速調整に入った。調理関係のスペシャリストという地域人材を生かすため、家庭科の調理実習においてTT授業として行うこととした。企画担当である家庭科教諭を中心に、授業の中でどのように外部人材と専任の教諭が仕事分担をし、授業を進めていくのか入念な打ち合わせが行われた。特に、このようなゲストティーチャーによる企画は単なるイベントで終わる傾向があり、単発ではなく、今後継続的に教育課程の指導内容に生かせるものでなくてはならないという考え方で実施に踏み切った。

このホテルシェフとの協働による調理実習の大きなねらいを以下のように位置づけた。①食生活の自立を目指して、調理できる力をつけようとする意欲を持たせる。②プロの料理人から料理を学ぶことにより、料理への関心を高める。③調理実習を通して、安全や衛生に留意して食事を整える力を身につける。④食品の知識や調理上の性質を知り、班で協力して料理を作り、会食する楽しさを味わう。この４点である。

授業の質を高め指導方法の工夫改善を行う上で、教科指導の中に育てたい能力をしっかりと位置づけ、そこにキャリア教育の要素を取り込むことがポイントとなる。特に教科授業の中で外部人材を活用しながら指導する教員は、より専門的な人材と協働する中で、人間関係形成能力、課題対応能力等の育てたい能力を指導計画に位置づけながら授業の質を変えていく。このことは自然と授業力向上へつながっていくものと考える。

義務教育段階でのキャリア教育には、外部人材の活用により、高い成果が期待できる。本来、キャリア教育の実践は教員が中心に行うものであるが、社会の実物や本物を目の当たりにした授業展開は生徒にとって極めて強いインパクトがあり、教員以外の外部人材の協力があって、より強く子どもたちの心に迫ることができるものも存在する。

このような理由から諏訪台中学校では、外部人材を教科指導へ活用する試みのひとつとして、このように「ホテルラングウッド」の支援を受ける形で、２年生の家庭科調理実習を実施した。

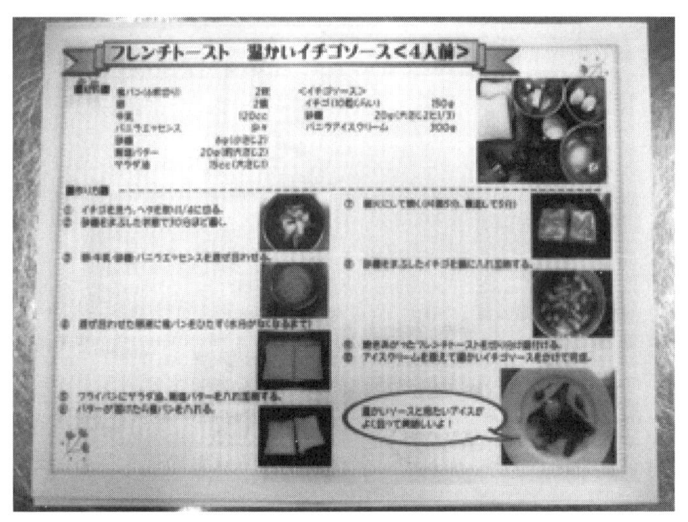

具体的な調理実習の内容は、ミネストローネスープとフレンチトーストづくりであった。授業構成を家庭科教諭が企画し、当日の進行表をもとにゲストのシェフと念入りに打ち合わせを行う。授業が始まると生徒はプロの技を目の当たりにして息をのむ。包丁の扱い方、火加減の微調整、盛りつけ方の工夫、そして道具を扱う際の衛生感覚等、生徒一人ひとりが強い刺激を受けたことが高い集中力からも感じられた。

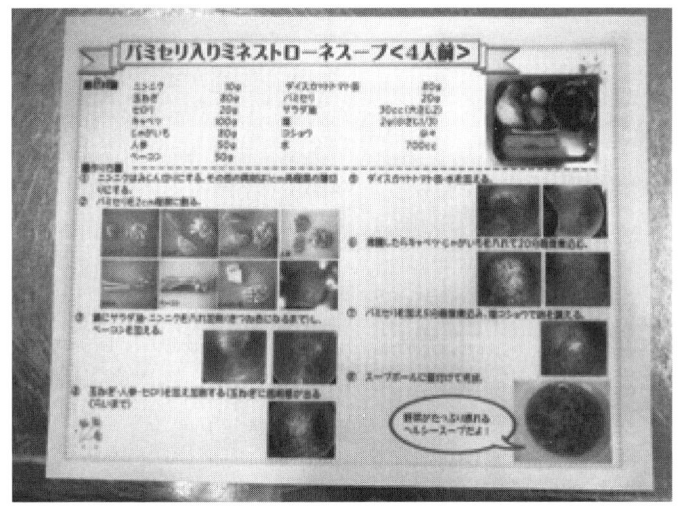

このように教育課程における教科指導の指導内容の一部に外部人材を活用し、より専門性の高い能力を生かす授業構成にすることで、教科の指導内容に対する理解を一層深めることとなる。また、一方で優れたプロの技を見ることで職業に対する興味関心を高め、生徒は、いつの間にか自分自身の将来像を気がつかない間に考え始めることにもつながる。

【保護者通知例】

保護者様

荒川区立諏訪台中学校
校長　清 水 隆 彦

『ホテルシェフが教える家庭科調理実習』のお知らせ

晩秋の頃、保護者の皆様には益々ご清祥のこととお慶び申し上げます。

さて、２年家庭科の授業では、キャリア教育の一環として下記のように外部からゲストティーチャーを招き、調理実習の計画を立てました。保護者の皆様にも是非ご参観・ご参加いただきたく、お知らせいたします。お時間がありましたら、ぜひご参観・ご参加ください。

記

１．題材　　ホテルシェフが教える家庭科調理実習
　　　　　　～食育をテーマに調理実習を通して「食」の大切さを伝える～

２．目的　①食生活の自立を目指して，調理できる力をつけようとする意欲を持たせる。
　　　　　②プロの料理人から料理を学ぶことにより、料理への関心を高める。
　　　　　③調理実習を通して、安全や衛生に留意して食事を整える力を身につける。
　　　　　④食品の知識や調理上の性質を知り、班で協力して料理を作り会食する楽しさを味わう。

３．協力指導者　ホテルラングウッド　　佐藤敏浩氏　他１～２名

４．場所　　諏訪台中学校　３階　調理室

５．日程

平成２４年１１月２６日（月）

1回目　２・３校時（　９：４５～１１：３５）　２年D組
2回目　５・６校時（１３：３０～１５：２０）　２年C組

平成２４年１１月２７日（火）

3回目　２・３校時（　９：４５～１１：３５）　２年A組
4回目　５・６校時（１３：３０～１５：２０）　２年B組

６．生徒の持ち物　　エプロン、三角巾、マスク、手ふきタオル

７．授業参観・調理実習への参加を希望される保護者の方へ

☆授業参観のみを希望される場合は、特に申込の必要はありません。直接学校へお越しください。また、ご来校の際は上履き(スリッパ)をお持ちください。

☆調理実習へ参加することができます。希望される場合は、次のようにお願いします。

（ｉ）　準備の都合がありますので１１月２１日(水)２１時までに下記のメールアドレスへ①～③のデータを直接ご連絡ください。

メールアドレス：〇〇〇〇〇〇@docomo.ne.jp
①参加者本人の名前
②お子様の名前、クラス、出席番号
③参加を希望する回(例：１１月２７日の３回目)

（ⅱ）グループで参加をされる場合は、参加者全員分の①②と③を送信してください。

（ⅲ）調理台の数の都合上、人数に限りがありますので応募多数の場合は抽選とさせていただきます。２１日夜～２２日朝にかけてメールで参加の可否をお知らせします。

（ⅳ）実習の可否について、必ず全員にこちらから返信連絡いたします。

（ⅴ）保護者の方の材料費は徴収いたしません。

調理実習の感想

今日、シェフから料理をならってみて、やっぱり本物のシェフは切るのも、
もりつけるのも、早くて、とてもびっくりしました。
私は、あんなにみた目もおしゃれな食べ物はあまり食べたり、
作ったりすることはないので、とてもいい経験になりました。
これから、家に帰って親にも作って食べさせてあげたいと思いました。
今日は、本当に貴重な経験ができてよかったです。

調理実習の感想

とてもわかりやすく、おいしい料理ができました。
ラングウッドなどのホテルのシェフが学校で料理を
教えてもらえることなどめったに無いことでとてもうれし
かったです。家でも料理をしたいなと思いました。
野菜を切るのに形が少しいびつになってしまったので
次はきれいに切れるようがんばりたいです。
また、このようなことができると良いなと思いました。

調理実習の感想

今日は、お忙しいなか、私たち料理を教えて下さり、あり
がとうございました。私は、普段あまり料理をしないので、
今回、上手に作れるかどうかとても不安でしたが、佐藤さんたち
が優しく教えてくれたので、とても分かりやすく楽しくでき
ました。ミネストローネは、料学調味料を一切つかわな
くても、こんなに美味しくつくれるなんて思わなかったので、
とてもおどろきました。これからは、今日習った料理を作って、
他の料理も作れるように頑張りたいと思います。
今日は、本当にありがとうございました。

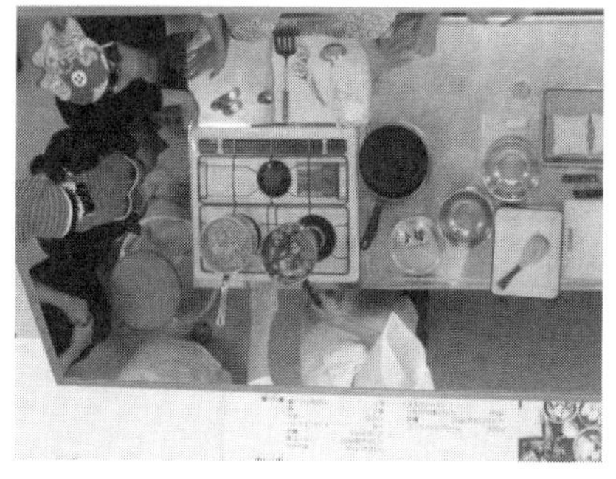

調理実習の感想

今日は、お忙しい所来てくださってありがとうございます。
分かりやすく教えてもらって料理が楽しくなりました。また、プロ
の料理を目の前で見せてもらって、感動しました。
また、料理をする大切さを知って、作ってもらった物を残してはい
けないと改めて思いました。

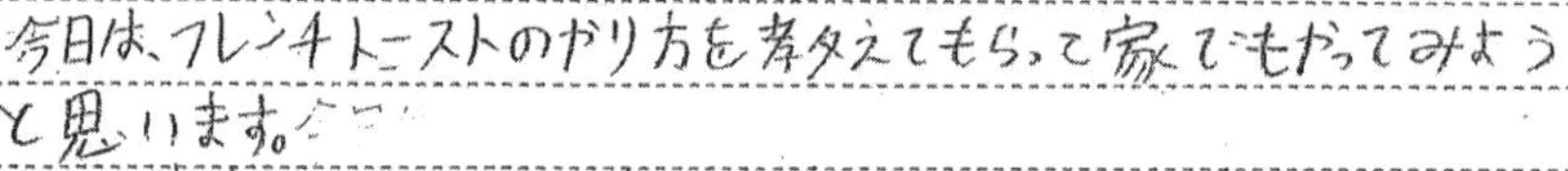

今日は、フレンチトーストのやり方を教えてもらって家でもやってみよう
と思います。
今日は本当にお忙しい中料理を教えてくださってありがとうご
ざいます。

第４章

自治体施策活用編

学校パワーアップ事業

各都道府県の自治体では、特色ある教育施策が進められているものと考える。さらにそれが市区町村という単位になると個性的なものまで登場する。学校経営者である校長がそれぞれの教育施策を受けて、その施策を自校の目指す学校像に具現化してどのように結びつけていくのか、手腕が問われている。校長としての企画力、実践力、そしてイノベーションの開発・導入が求められることになる。

私が校長として赴任した荒川区では、平成18年度には区全体で国の学校図書館水準を大きく上回る学校図書館整備が一斉に始まった。この施策を行う環境が後の「学校図書館学習センター化、情報センター化」へ結びつくこととなる。そして荒川区では、平成19年度より各小・中学校が「荒川区教育ビジョン」による学校教育の実現に向けて積極的に取り組み、教育活動の活性化・特色ある学校づくりを推進するための「学校パワーアップ事業」が開始された。

この事業は、確かな学力の育成、特色ある教育活動、教育環境の整備の推進のため、これまでの学校教育の成果と課題を踏まえ、各学校が更にパワーアップしていくことを目指して始められたものである。この教育施策の特徴的なことは、「学力向上マニフェスト」「創造力あふれる教育の推進」「未来を拓く子どもの育成」の３つの柱による構成となっていることである。

「学力向上マニフェスト」には一律80万円の予算が配当される。各小・中学校では、子どもの学習状況に応じて確かな学力の定着を図るための具体策を「学力向上マニフェスト」としてまとめ、校長の経営方針に基づいた教員の授業力向上策や、子どもの学力向上策等に取り組むというものである。「学力向上マニフェスト」は、区および各学校のホームページで公表することが義務づけられる。「学力向上」という単語を口にすることは教育現場では多くみられるが、実際、具体的に何を推進するのか、さらに予算をかけたことでどのような学校独自の施策を実現でき、成果を出せたのか、学校の取り組みが試されていく。

「創造力あふれる教育の推進」には100万円の予算が配当された。学校教育ビジョンに掲げる心の教育、健康や体力づくり、地域社会と一体となった教育を推進して、各校の特色ある教育活動をより充実・活性化させるために何ができるのかというものである。この荒川区が実施している「学校パワーアップ事業」という施策の特色は、合わせて180万円という予算は科目変更が可能であり、大変自由度の高いものとなっていることである。そのため学校経営者である校長は、自らが考え、目指す学校像の実現に向けたアイデアを生かすことが可能な環境となっているということである。

ただし、このことは逆に言えば、かけた予算分の成果を求められることとなり、喜んでばかりはいられないという厳しい現実もまた一方で存在することとなる。年度初めに行われる教育委員会幹部とのヒヤリングでは、具体的に何にどう予算をかけ、どのような成果を求めていくのか、成果をどのように検証していくのかと厳しいやり取りが続く。また、もうひとつの特徴は、「未来を拓く子どもの育成」という別枠の予算が設定されていることである。各校の個性や可能性を伸長させる教育を一層充実させるため、学校長の提案による優れた企画・実践に対して予算を配当して、教育効果をあげる取り組みを推進させるというものである。

各自治体でもこれに近い教育施策は存在するものと思うが、教育管理職には、創造的な企画を具体的な実践に結びつけるイノベーションが強く求められる時代に入ったと捉えている。

常に学校経営方針の柱を「全教育活動をキャリア教育の視点で捉え、基礎的・汎用的能力を育成する学校」としている私のような校長にとって、荒川区の施策である「学校図書館整備事業」や「学校パワーアップ事業」等の開始は、キャリア教育推進の好機であると強く感じていた。その後、いかに実践していったのかについて後ほど示すが、自治体の施策をどのように自校の具体策として生かすのか、常に発想力が求められていると強く感じている。教育管理職として赴任する自治体、学校、地域は様々だが、仮に自分が他の自治体の校長であったとしても、それぞれの教育施策の特色を生かしながらキャリア教育に結びつけていく考えであり、荒川区だからできたというものではない。仮に予算がなければ、新しい発想でいくらでも次のしかけを考える覚悟はできている。要はキャリア教育推進のために、自治体の教育施策を十分に活用することで、キャリア教育を学校教育に加速度的に取り込むことにつながることを実感しているということである。

次に、具体的にどのような企画を実践に結びつけていったのかを示す。「学校パワーアップ事業」を推進していく上で全体の中心となるのが、学校パワーアップ全体構想図である。そのため作成にあたっては各分掌主任、特命担当とも意見交換を行い、学校教育全体で目指す方向性をしっかりと意識し、随所にキャリア教育推進の視点と企画を配置した。

学校パワーアップ事業に関する全小中学校の企画内容は、各学校や荒川区のホームページに一覧としてアップされる。校長の発想をもとに提出した企画内容を公表することは、実践することを区民に約束するものであり、確実で目に見える成果が求められる。

平成２５年度　**学校パワーアップ全体構想**　荒川区立諏訪台中学校

〔荒川区学校教育ビジョン〕

未来を拓き、たくましく生きる子どもを育成する

1　子ども一人ひとりの可能性を伸ばす
2　豊かな感性や創造力を育む
3　社会的自立の基礎を培う

キャリア教育の視点で教育活動を展開する。

〔児童・生徒の実態〕

○子どもらしく活発・素直で思いやりがある。
○勉学・運動・行事等、何事にも真剣に取り組むが、主体的に継続的に学ぶ姿勢は不十分である。
○キャリア教育と言語能力の育成という視点で探求的な学びの体験活動を増やす必要がある。

〔学校の教育目標〕

豊かな心をもち、思いやりのある生徒
自ら考え、すすんで学ぶ生徒
心身ともに健康で、たくましい生徒
地域と共に学び、地域を愛する生徒

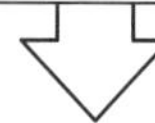

〔学校パワーアップのための基本方針〕

○学校経営方針の大きな柱として、キャリア教育の基礎的・汎用的能力の育成がある。この視点でＩＣＴ機器を活用した授業改善や特色ある教育活動、学校図書館学習センター化等の推進が学校パワーアップの基本となる。
○①学校新聞づくりによる言語活動の重視、確かな学力の定着・向上のための具体策　②豊かな社会性・人間性を育む生活指導と道徳教育　③部活動を中心とした規律指導・体力づくりと文化活動の充実を推進する。
○全教育活動全般を通じてキャリア教育を推進し、将来へ目標をもった行動（学習意欲、人間関係形成能力等）に結びつけるため、基礎的・汎用的能力育成の視点で教科指導、体験活動、新聞教育等へ予算を有効活用する。

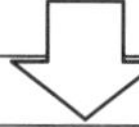

〔学校パワーアップのための重点〕

〔学力向上マニフェスト〕

学力向上の数値目標に向け目に見える形で成果を目指す。基礎基本の定着と応用力、表現力の育成を徹底する。授業改善、補習活動の増強、各種検定の奨励等、学力向上対策施策、わかる授業へタブレット等のＩＣＴ機器の活用を実施する。

①外部人材活用による教育推進
・アシスタントティーチャー活用
・「諏訪台てらこや」の講師活用
・放課後補習・検定対策補習教材
②各種検定合格の拡大推進
・検定用教材・書籍の充実
③タブレット等、ＩＣＴ機器活用による授業の質の向上（電子教科書等のソフトの購入）
④荒川区授業力向上プロジェクト事業研究指定校による研究推進
・研究用書籍購入

〔創造力あふれる教育の推進〕

・学校図書館学習センター化事業
・音楽が流れ、歌声が響く学校作り
・日本文化伝統の学習推進
・思考力、判断力、表現力を育成する新聞教育の充実
①図書館学習センター事業の展開
・学校図書館改善、授業活用のための必要物品購入
・学校図書館指導員とのコラボ授業推進（必要物品購入）
②音楽活動推進事業
・合唱コンクール、吹奏楽部レベルアップ（外部人材活用）
③日本伝統文化学習の取り組み
・武道（剣道）指導の講師報償費
・和楽器指導（筝曲、三味線）
④新聞教育推進事業
・表示アクリル板設置他。

〔未来を拓く子どもの育成〕

・キャリア教育の推進事業拡大充実しキャリアプランニング能力の育成を行う。
・学力向上こそ未来を拓く子供の育成
①キャリア教育の一環とし 30 業種以上の外部人材を招聘する「校内ハローワーク」を全校実施する（講師報償費）
②キャリアコンサルタントによるマナー講座（講師報償費）
③全国をリードする新聞教育の推進に伴う必要物品購入
④日本の伝統文化理解教育の充実
和楽器指導（和楽器購入）
武道教育の充実（外部人材活用）
⑤基礎学力向上に向け支援する外部人材の活用（報償費）

前ページの資料が学校パワーアップ全体構想図である。年度初めに保護者、区民に公表する内容であり、校長としてここにキャリア教育の視点を盛り込んでいくことが、学校組織全体に大きな影響力を発揮することになる。別の言い方をすれば、区民の皆様が学校教育にかけた税金でどれだけの成果が出せるのかを見守っているという緊張感も一方で生じることとなる。このことは学校管理職として、教職員全体の意識改革を図り、組織の活性化という点で大きく後押しする力であると考えている。それぞれの学校がどれだけの成果を出すのか、学校管理職のイノベーションが試されている。

まず荒川区教育ビジョンのねらいの項目には、キャリア教育の視点で教育活動を展開することを明記する。各項目別にキャリア教育の視点を示すと次のようになる。

①「学力向上マニフェスト」項目では全教育活動を通じてキャリア教育を推進することとし、その第一として将来へ目標を持たせるための学習意欲、人間関係形成能力の育成を掲げ、教科指導において基礎的・汎用的能力育成の視点を取り入れ、指導方法を改善し授業力向上を目指すものとした。短期間での教職員の意識改革を促すには、何らかの研究指定という期限の限られた中で、ある一定程度の成果を発表しなくてはならない取り組みは効果的である。本校では平成25、26年度「荒川区授業力向上プロジェクト事業研究指定校」として研究推進校指定を受け、授業の中でキャリア教育を推進していくことを研究の柱とした。この具体的な実践については別項で示したい。学力向上マニフェスト項目では、タブレットPC等のICT機器活用による授業の質の向上を目指し、電子教科書等のソフトの購入や研究推進のための研究用書籍購入等へ予算を有効活用していった。

また、次項にある学力向上マニフェストの詳細には、キャリア教育の推進をしっかりと重点項目に据え、基礎的・汎用的能力の育成という視点で学びの質を変え、学力向上を図ることを明記した。また「校内ハローワーク」や「キャリア教育コーディネーター」等、外部人材と協働する行事を多数企画し、第一線で活躍する外部講師の話による将来を見据えた指導により、毎日の学校生活にフィードバックさせ見直しを図ることとした。授業規律、人間関係形成能力、情報活用能力等の各能力を身に付けさせることで、将来に向けて学ぶ姿勢の変化を期待する。意識調査により、学ぶ意欲の高まりと学力向上がいかに関連しているのかを検証することへとつなげていった。

②「創造力あふれる教育の推進」項目では、学校図書館学習センター化や情報センター化のため、情報収集能力、情報活用能力育成の企画を多数提案した。また、学校経営方針の目指す学校像にある「音楽が流れ、歌声が響く学校作り」を目指し、合唱コンクール等の学校行事に向かう協働のプ

ロセスが人間関係形成能力、課題対応能力育成に結びつくものと設定した。その他にも地域人材を生かす日本文化伝統の学習推進や思考力、判断力、表現力を育成する学校新聞作成教育の充実等を公表した。

中でも学校図書館学習センター化事業の展開には、学校図書館改善、授業活用のための必要物品購入や、学校司書とのコラボ授業推進のための必要物品購入等に力を入れた。キャリア教育推進の視点で考えていくと学校図書館の果たす役割、位置づけは極めて重要となる。学校図書館活用により情報収集力、分析力を育成し、さらにICT機器活用の両面で教育活動を展開していくことは、まさに社会で求められる能力の育成、キャリア教育につながっていく。キャリア教育推進の大きな柱である学校図書館改革に学校パワーアップ事業の予算を活用する事により、加速度的に学校図書館の姿が変化していった。

③「未来を拓く子どもの育成」項目は、各中学校の校長により各校のアイデアをプレゼンテーションし評価されるものである。本校では、キャリア教育推進の観点からいくつもの特色ある行事を提案した。いかに外部人材と協働し、キャリア教育の視点で教育改革を行うことが効果的であるのかを力説し、区に対して予算をかけることの意義をご理解いただき、施策実現に向けた提案と予算請求を行った。

例えば、キャリア教育の一環として行う30業種以上の外部人材を招聘する「校内ハローワーク」を企画提案し、教育効果の大きさを強調した。このプレゼンテーションは区の評価も高く、実施に向けて力強い支援を取りつけることができた。また、キャリアコンサルタントによるマナー講座等の外部人材との協働という点で、教育委員会サイドも支援という形を示してくれた。与えられた予算の中では、工夫をしながら最大限の成果を生み出すこととともに、活動の幅を広げ成果をアピールすることで予算拡大を図るのがこのシステムである。校長としての企画力、イノベーションが試されている。

このように「学校パワーアップ事業」という荒川区の施策が、学校経営者である校長にとっては自由度の高い予算を確保することにつながり、学校の特色に応じたアイデアを生み、区内中学校の個性を発揮させることを加速させた。各自治体の施策は様々だと思うが、校長としての学校経営の基本理念と自治体の施策をうまく融合させることが、学校改革を急速に推進させることへとつながる。特に本校では、キャリア教育という視点で学校教育改革を推進することを加速させていった。

平成25年度学力向上マニフェスト

荒川区立諏訪台中学校

本年度の指導の重点（昨年度の成果と課題を踏まえて）	取組の概要（実施内容）	評価指標　取組指標（教師側の指標） 成果指標（子ども側の指標）	予算執行	取組の成果	評価
【諏訪台てらこやで学力向上】 3年目の「諏訪台てらこや」を即効性のある学力向上策として実施する。区学力向上調査、各種検定で成果が見られており、今年度も基礎・基本の定着と検定の合格実績を伸ばす。	・週2回の火・水、夜7:00〜8:30にコース別プリント学習、各種検定級別学習コースによる補習授業を実施する。 ・指導は、教員を目指す大学生、大学院生を採用し、チームで指導を行わせる。また、指導補助として保護者によるコミュニティティーチャーの参加を募る。	・年間55日以上の実施を目指す。大学生を中心とする外部人材主導の運営を確立させる。 ・荒川区学力向上調査における区の目標達成率を上回る率を70%以上とする。	・大学生講師報償費→ 192,000 円 ・問題データ購入費→132,300 円 ・「諏訪台てらこや」問題収納ケース→45, 990円	・週2回(夜7:00〜8:30)にプリント学習、各種検定学習コースを年55回実施できた。・荒川区学力向上調査の目標達成率では、全体的に昨年度より向上傾向にあり、全観点別正答率を見ると全63項目54項目が同程度以上で85%となった。また、基礎活用でも全60項目中48項目で同程度以上が80%となった。	A
【学校図書館学習センター化・情報センター化推進】 学校図書館を授業活用を前提として活用しやすさを前提として改善を図る。書籍の整備等を積極的に行い、調べ学習等にも活用する。	・学校図書館の学習センターを進める。意図的に図書館での授業を実施に向け、ファイリングコーナーや視聴覚機器等の設置を行う。 ・保護者に皆様の支援による図書館ボランティアの参加により、図書館改革を加速させる。	・学校図書館開館日を245以上を目指す。 ・図書館指導員と教科教員との「コラボ授業」の実践、学期に1回以上、全教科で図書館授業を実施する。 ・図書館利用率高め、上記の数値目標を達成する。 ・図書館利用者生徒数を累積16, 000人以上、貸出冊数累積3, 500冊以上の数値目標を達成する。	・学校図書館用椅子→210,000円	・学校図書館司書、司書教諭、保護者ボランティアの皆様のご協力で学校図書館学習センター化に向けた施設の整備が確実に前進した。今後、授業での調べ学習、図書館指導員とのコラボ授業の拡大が課題である。 【3月末】入館生徒数累計⇒11,705人(授業を除く)、貸出冊数⇒3353冊、開館日数⇒244日	B
【各種検定推進による学力向上】 検定教材を充実させ、補習活動に活用する中で、検定試験に挑戦させ、学力向上を図ります。	・英語検定、数学検定、漢字検定に挑戦させる過程で学力向上を目指す。 ・具体的な手段として「諏訪台てらこや」では検定コースを充実させ、購入した問題集活用させることで高い能力の定着を図る。 ・放課後補習、個別指導を充実させ、合格者数増加を推進する。	・本校での準会場受検を3種類で毎学期実施し、年間で9回の受検機会を提供する。 ・各種検定（英検、漢検、数検等）のそれぞれで受験者数、合格者数を前年度比、各級1. 3倍を目指す。	・指導用英語検定級別問題集→1,900円 ・指導用数学検定級別問題集→27,300円	・英語検定、数学検定、漢字検定3つの検定試験をそれぞれ3回づつ、学校会場で実施できた。「諏訪台てらこや」では検定コースに多くの生徒が参加し、検定への準備を進めることができた。また、2次試験を伴う級については放課後補習、個別指導を充実させた。	B
【教員の授業力向上推進】 チャレンジする教師を育成します。（外部研修への参加） （校内研修の推進） （外部研修会への参加）	・平成25, 26年度の2年間、荒川区授業力向上プロジェクト事業研究指定校を受け、年間15回以上の研究授業を設定する。特に基礎的・汎用的能力、ICT機器を活用した授業改善を目指す。都教委主催等の外部研修に前年度比1. 5倍の教員が参加する。	・基礎的・汎用的能力の育成という視点で全ての研究授業をキャリア教育推進を目指し行い、授業の質の向上を目指す。 ・生徒の学校関係者評価におけるわかりやすい授業の評価率が高まったかという点で検証する。	・電子教科書購入費・・・ 189,325 円	・荒川区授業力向上プロジェクト事業研究指定校を受け、全教員が研究授業を行い、冊子にまとめることができた。また、2月10日に400名以上の参加者を迎え中間発表会を実施した。都教委主催等の外部研修に教員の9割以上の教員が複数回参加できた。	A
【全校規模で新聞教育充実】 新聞作成を通じた一覧性のある指導、朝読書とも連係し思考力・判断力・表現力及び社会性を育成する新聞教育の推進する。	・伝統である新聞教育を一層推進する。物事を考える広い視野を育成する。 ①行事の事前・事後指導で各種新聞や月2回発行の学校新聞「諏訪台」等、系統化した指導計画を実践する。 ②一般紙を活用した新聞利用学習（NIE）に計画的に取り組む	・言語能力の育成という視点で機会ある毎に新聞作成指導を行い、広く公表する。 ・新聞作成を通じて、言語表現能力、レイアウト等、表現の構成力を学ぶ。	・紙、インク等については学校予算を充当した。	・新聞作成活動等、生徒会新聞「諏訪台」の発行、宿泊行事事前学習・・・等、機会ある毎に新聞作成を通じて言語能力の育成に取り組んだ。第20回全国新聞スクラップコンクールで学校賞を獲得した。	B
【キャリア教育の推進】 キャリア教育における基礎的・汎用的能力の育成により学力向上を図る。	・意欲の高まりは学力向上につながる。「校内ハローワーク」や「キャリアコーディネーター」等、外部人材の活用による行事により将来を見据えた学ぶ意欲に結びつける。向上に結びつける。授業規律、人間関係形成能力、情報活用能力等の能力を高めることで学ぶ意欲へとつなげる。	・「5日間の勤労留学」、「校内ハローワーク」、「マナー講座」等、外部人材を活用し、学ぶ意欲に結びつく行事を実践する。この取り組みは常に地域、保護者に公開する。 ・学力向上調査の意識調査で、学ぶ意欲等、全ての項目で前年度数値の2ポイント上を目指します。数値を公表します。	・外部人材招聘等に関わる経費については「未来を開く子どもの育成予算」で充当する。	・教科でのキャリア教育と両輪となる勤労観、職業観の育成では「4日間の勤労留学」（1日はインフルエンザで中止）「30業種以上40名の講師による校内ハローワーク」等キャリア教育コーディネーターと協働する形で終えることができた。	A
【基礎学力の定着】 ティーチングアシスタントの活用により、基礎学力の定着を図る。	・ティーチングアシスタントの積極的な導入により、基礎学力の定着を図る。特に到達度の下位層のレベルアップを図ります。	・ティーチングアシスタントと教員との指導の分担、役割分担を明確にし、有効な授業展開を行う。 ・24年度学力向上調査（活用）の達成率を前年度比全ての教科で2ポイント上回ることを目指します。学力向上調査の結果比較により、細部にわたる到達度の変化を公表する。	・荒川区「ティーチングアシスタント」予算で対応する。	・ティーチングアシスタントを年間を通じて毎週2〜3名の大学生に参加してもらい、授業の中での支援や放課後補習、個別指導ときめ細かな学力向上策を実践できた。	B

【評価】成果指標の達成度から評定（A・B・C）を決める
A：達成度90%以上 → 目標達成と見なし新たな目標を設定する　B：達成度が9割未満5割以上 → 継続実施　C：達成度が5割未満 → 目標の見直し

実践事例　～夜間補習授業「てらこや」誕生～

ここで「学校パワーアップ事業」の中の「学力向上マニフェスト」予算を活用し実施している具体的な実践事例を紹介する。本校では将来を見据え、学ぶ意欲を高めるために「校内ハローワーク」や「勤労留学」等の外部人材を活用した行事を実践している。一方で、学習した内容が理解できることで次への意欲に結びつけるため、学びの基礎となる基本事項の習得や発展的な学習を行う場を設け、生徒に提供している。この学習支援を行う補習授業を「諏訪台てらこや」と呼び、週２日、夜間の時間帯に開講し多数の生徒が参加している。どのような発想で、この夜間補習授業という企画が生まれたのかを示したい。

夜間補習授業「てらこや」の誕生とその後
～理解できたという成就感が力を伸ばす～

1. なぜ「てらこや」が誕生したのか（学ぶ場を提供することの重要性）

少々古い話になるが、数学教師として教職についた昭和50年代は、全国的に中学校の校内暴力の嵐が吹き荒れ、なかなか沈静化しない状況にあった。新人教員として「なぜ」という言葉を繰り返しながら必死に生徒と向き合い、当然そうなるには何らかの原因があるのではと考える日々が続いた。授業に集中できない生徒の姿と接し、悩む中で、その原因が非行という問題だけでなくひとつの要因として「授業がわからない」「勉強の仕方がわからない」「学習習慣が身についていない」等ではないかと思い浮かんだのだった。当時、運動部の顧問をしており、朝練習や夕方暗くなるまでの練習には慣れていたこともあり、それほど抵抗感はなく、学習の朝練習というアイデアを実行することとした。

ある日、あまり生徒の参加を期待せず、数人集まればという軽い気持ちで「数学の朝練習を行う」「希望する生徒は学校図書館に朝７時に集合」と生徒に伝えた。当日の朝、学校図書館に行くと信じられない光景がそこにあった。何といつも学校で先生方を困らせている生徒が多数集まっていたのである。それから長期にわたり、数学の朝練習が続くことになる。朝練習を繰り返し行っていく中、これまで数学（算数）を理解できたという体験がなかった生徒が、「何だ、簡単だ」とか「わかった」いうひと言を発すると、その後には「もう一問」と要求し、次への意欲につながっていった。新卒１年目ではあったが、それまで長く学ぶという習慣が停滞していた生徒の目の色が変わり、目標に向けて動き出す瞬間を見て、学ばせる機会を提供することの重要性を実感した。

平成５年から平成８年の３年間、ギリシャのアテネ日本人学校で勤務することになった。当時、アテネ在住の日本人の数は少なく、日本人学校の中学生も各学年２～５人という状態であった。着任した年の３年生は５人、その多くが日本に帰国し、高校受験を希望する生徒ばかりであった。全員に強い学ぶ意欲があり、高い目標に向けてもっと勉強したいという思いはあったものの、自宅でひとりでの学習には不安があるという生徒がほとんどであった。とはいえアテネ市内には日本語で学べる学習塾などはなく、親子で学習に対する不安と欲求が高まっている状態であった。新卒時の数学の朝練習のこともあり、曜日を決め、夜に自宅に３年生を招き、学習会をスタートさせた。生徒はまるで水を得た魚のように無我夢中で課題に取り組み、その真剣な表情や態度には圧倒されるほどであった。学ぶ場の提供の重要性を再度認識する機会となった。

平成18年、校長となって荒川区に赴任し、第三中学校で校長として働き始めた。当然、学校経営者として学校における様々な課題へ取り組まなくてはならない訳だが、中でも大きな課題は学力向上であった。そのため学校経営方針の中には、学力向上に向けた具体策を示していった。全ての基本は授業であり、授業が充実しなければ学力向上は望めない。教職員の校内研修、都主催、外部の研修への参加を増加させるため、数値目標を掲げて奨励した。新人教諭のレベルアップのためにグループOJTシステムを構築し、担当のベテラン教諭が若手の指導を行い、学校全体の指導力をアップさせる取り組みを推進していった。それまでも学習習慣が身についていない生徒への対策としては「土曜スクール」や放課後補習を実施していた。しかし、緊急性の高い課題は、一層スピード感をもって学校全体の学力のレベルアップを図ることであった。

その頃、教職大学院制度が始まり、若い大学院生や講師が多くおり、そのメンバーを加えて何とか時間をかけた補習ができないものかと協議を繰り返していった。その時に提案したのが夜間の補習であった。ただし、夜間の授業となると指導者確保や交通費程度の支出という予算面の課題もある。一方で、教職を目指す大学生は金銭面では無く、実践を積み上げる機会が欲しいというニーズがあるのではないかとも考えたのである。

不安を抱えながら関東圏の大学に募集をかけ始めた頃、荒川区の施策として「学校パワーアップ事業」が始まり、学力向上に向け校長の裁量で決定できる一定額の予算が配当されることになった。このことで遠方からの大学生講師にも交通費程度の金銭的な対応が可能となり、このことが追い風となり、夜間補習授業

「てらこや」が実現に向けてスタートした。

そしてついに平成20年９月16日、第１回の「三中てらこや」をスタートした。これまでの校長自身の体験に基づく提案であり、課題は山積みだったが多くの若者が賛同して熱意あふれる授業がスタートした。

開始初日には西川太一郎荒川区長も駆けつけてこられ、子どもたちに励ましの言葉をかけていただいたことで夜間補習に向けた不安が一掃された。

２．「てらこや」誕生を後押しした力

スタート当初、少人数での補習というイメージでいたのだが、申し込み生徒数は想像を遥かに超え約100名以上となった。たくさんの生徒が意欲的にプリント学習に取り組みを始めたものの、開始時には学生講師に指導を仰ぐ長蛇の列ができ、丸つけにも時間がかかる等、予想できなかった問題と直面することになった。効率的に流れるシステムの構築が急務であること、また、夜間の開催ということもあり、帰宅時間の安全確保、学生だけで運営できるのか等、課題山積みの船出となった。しかし、夢中でプリント学習に取り組む生徒の楽しそうな表情、「わかったぞ」の声が響く夜間の教室は、新規採用教員時代の数学の朝練習を思い出させるとともに、時間を度外視して残ってくれた教職員を勇気づけたのである。

その後、保護者の皆様に「てらこや」の支援を要請したところ、多くの方々に賛同いただき、進度表へのシール貼り、生徒への声かけ等、当初発生した課題をひとつひとつ解決する方向へと動き出したのである。時間が経つにつれて、数人だった学生講師も続々と参加したいという申し出があり、短期間で約20名の学生が集まった。

活動が軌道に乗り始めた頃、生徒には、保護者ボランティアの方々も先生だという意識を持たせるため「コミュニティティーチャー」（ＣＴ）と名付けて紹介し、立派なスタッフとしての名札も準備した。また、帰宅時間の安全確保という点で少々不安があったが、町会から夜間行っている町会パトロールを「てらこや」の終了時刻に合わせて学校近辺から行ってもよいとの申し出があった。さらに保護者会では、帰宅コースになっている家庭に、帰宅の時間帯に道路側の部屋

の電気をつけて明るくしていただきたいとお願いもした。まさに地域とともに子どもを育てる環境ができつつあると実感した瞬間だった。「てらこや」を中心に動き出したうねりは加速度的に広がり、開始当初の不安を解消するのにそれほど多くの時間を必要としなかった。

3.「てらこや」の学習形式

学習プリントについては、出版社から年間契約のデータを買い求め、中学校３年間で学習する内容を基礎、応用、発展の項目別に取り組むというものであった。１学年500枚のプリントをこなしながら、理解できていない部分については講師に指導を仰ぐという形式を取った。全問正解となるとＣＴ（保護者）によりシールが貼られる。進度表に次々と終了シールが貼られ、うれしそうに自慢する生徒の姿が印象的だった。

学校経営方針の学力向上の具体策として、各種検定の推進により学力向上を目指すということも掲げ、受験者数、合格者数の数値目標を設定した。校長、担当教員、学生スタッフとの相談でプリント学習コースに加え、英語検定コース、数学検定コースを増設し、級別の授業を生徒に選択させながら学習に取り組ませた。結果の数値への期待というよりも、むしろ検定に向かうプロセスを重視することで学力向上を目指したのである。

４．荒川区立諏訪台中学校への転勤、即「諏訪台てらこや」を開始

平成23年度、同じ区内の荒川区立諏訪台中学校へ異動となった。学力向上は共通の課題であり、これまでの実践を区内へとさらに広めたいという心境であった。着任早々「諏訪台てらこや」に向けた保護者会を開き、趣旨説明、学ぶ場の提供について説明し、結局、着任した４月からすぐに開始することとなった。これまで同様、東京都内の大学を中心に教職を目指す大学生に募集をかけ、４月当初より多数の学生から参加の申し出があった。約30名の学生が集まり、スタッフとして「てらこや」の運営を行っていった。また、保護者によるＣＴの参加、英語検定コース、数学検定コースの増設と短期間でこれまで以上の形式で学習する場を提供することができた。

学校の姿勢をアピールするということもあり「諏訪台てらこや」の状況については、その都度、学校便りやホームページで進行状況をお知らせしていった。また、荒川区で整備されている「情報配信システム」を活用し、授業の終了と同時に帰宅した旨の連絡を保護者の携帯電話に送り、帰宅時の安全確保についても協力をお願いするという形式を取った。

５．学校だより掲載記事より

荒川区　平成24年度　早くも動き出した「諏訪台てらこや」進行状況
熱気を帯びた「諏訪台てらこや」保護者会開催（４月13日）

４月13日（金)、午後７時より今年度の「諏訪台てらこや」開催に向けた保護者会を開催しました。当日はたくさんの保護者の皆様にお集まりいただき「てらこや」立ち上げの歴史について、フジテレビ「とくダネ！」での取材番組の視聴を含め、詳細についてお話しさせていただきました。

学校パワーアップ予算を活用した本校の授業の進め方、英検コース、数検コースの進め方等についてお話ししました。

いくつもの熱心な質問が出されるなど、保護者の皆様の熱意が感じられました。また、同日の昼休みには、「諏訪台てらこや」の参加希望者を集め、申し込み前に参加の心構えを促すガイダンスが行われました。

いよいよ学力向上を目指し、平成24年度の「諏訪台てらこや」が始まります。

平成24年度　「諏訪台てらこや」開校式（４月24日）

【学ぶ意欲の感じられた開校式】

４月24日（火）、今年度初の「諏訪台てらこや」が行われました。開会式では、校長より今年度の「諏訪台てらこや」の質の向上が学力向上につながること、学ぶ場の提供を当たり前と思わず感謝して学習に取り組むことなどをお話ししました。また、年度初めから集まった多数の学生講師の紹介を行い、プリント学習組、数学検定級別コースに分かれ、早速、授業をスタートさせました。すでに数回の「諏訪台てらこや」の授業が行われていますが、立ち上げの昨年度のスタート時期よりさらに意識が高く、参加生徒の意欲が強く感じられます。学力向上に向けた成果を期待しています。

【保護者の皆さんによるコミュニティティーチャー（CT）】

初日から、多数の皆さんにご協力いただきました。シール貼り、生徒一人ひとりへの声かけが温かく大変うれしく思いました。

【教員を目指す学生が意欲的に経験を積み上げます】

大学生、大学院生、教職経験者等、多数の若者が「諏訪台てらこや」の趣旨に賛同し、諏訪中生のために参加してくれています。早くも「てらこや」講師２年目のベテランがリーダーとして講師陣を引っ張ります。「今日の授業の組み立てはこのように」と話し合う様子を見ていると、まるで講師養成道場のようです。校舎

２階に設置された講師職員室は、将来の学校の職員室を見ているようです（学校便り記事より）。

６．小中をつなぐリレーゾーン

毎年２月に行われる新入生保護者説明会の際、６年生が小学校から中学校へ進学する際に様々な不安をもつことや小中学校の違いに戸惑うことがあり、移行するのに苦労する生徒がいることを話す。中１ギャップを少しでも和らげるようにするため、中学校生活を少しでも体験することを進めている。具体的には、部活動体験であり授業参観等である。さらに「諏訪台てらこや」が小中学校のスムーズな接続につながることを話し、参加を奨励する。２月に始まる体験には、約80名の児童が体験参加し、中学生と混じって学習に取り組む。教室の黒板を見て「大きい」と歓声を上げる児童、掲示物を熱心にのぞき込む児童、そして、一枚でも多くのプリントをこなしたいと積極的に取り組む姿。まさにリレーゾーンの段差がスロープに変わるような景色にも見える。授業には教員が勤務時間を超えて指導にあたる。指導した英語教諭は小学校の最終段階だからこそ一日も早く中学校の授業を体験し、中学校に向けた心の準備を進めてほしいと話す。この体験に参加したほとんどの生徒は入学後も「諏訪台てらこや」へ通う率

が高く、現在も100名を超える生徒が毎週「諏訪台てらこや」に参加している。次のステージに向けた準備を進めることは、まさにキャリア教育の一段階でもあると捉えることができる。不安を解消し、次のステップにつなげる「学びの場」の提供の重要性を再認識した。

ここで紹介した２校にわたる「てらこや」という事例は、自治体の「学校パワーアップ事業」という施策をうまく活用した実践である。ただし、もしこの予算がなかったとしても、冒頭で述べた「てらこや」誕生の精神同様、ボランティア学生を集め、次代の教員を育成するという人材育成の視点と学力向上を目指してこの取り組みを実施していると思う。週２日のペースで９年間実施しながら、常に校長として感謝の気持ちを抱いたのは、何より交通費程度の予算にもかかわらず、将来教職を目指す大学生が、体験を積みたいという強い思いでこの取り組みを強くリードし、成果を発揮してくれたことである。また、町会、保護者の方々の力強い支援が、学校で行う夜間補習という、これまであまり考えられなかった形式を可能にしてくれたのである。また、勤務時間を度外視して可能な限り参加してくれた教職員、てらこや特命担当教諭には頭の下がる思いである。

将来、社会人として活躍するための全ての基礎となる学力をいかに高めていくのか、なりふり構わず取り組んだ学習支援策ではあるが、徐々にその成果が結果として表れている。

平成26年度、荒川区では学力向上のための区の施策として、本校の取り組みを参考にした、区立の全小中学校に学習支援策のための特別予算が組まれた。形式は限定するものではなく、各校で様々な学習支援策が始まった。この施策の名称は何と「あらかわ寺子屋」と命名された。ひとつの取り組みが様々な広がりを見せた事例である。

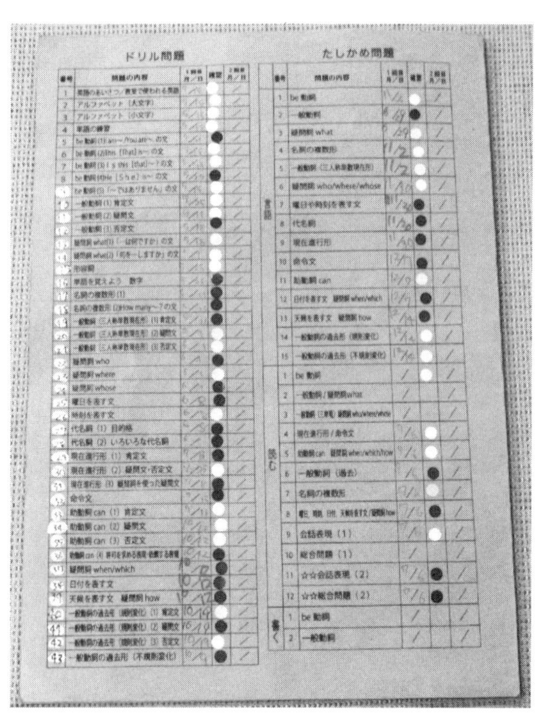

【学習進度表。シールは努力の跡】

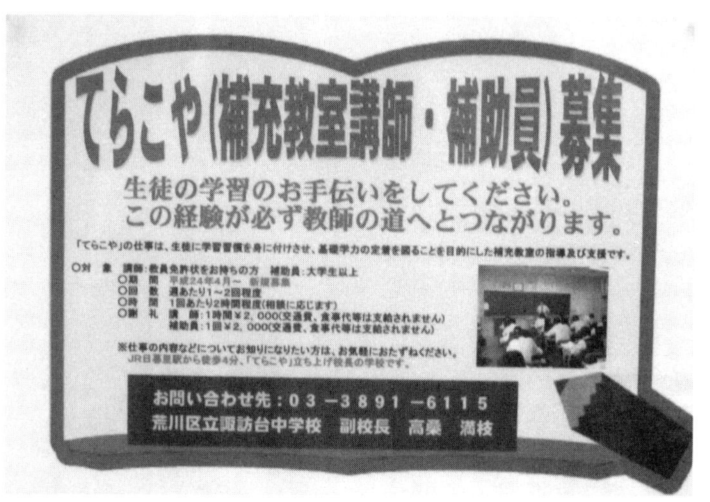

【都内全大学に掲示した学生募集ポスター】

第５章

小中一貫教育編

キャリア教育を加速させる小中一貫教育

全ての校種で連携を図ることは、教育に系統性をもたせ、教育の質を高める上で極めて効果的であることは教育関係者の誰もが考えることである。教科指導、生活指導、学校行事について各校種間で情報を共有し、校種間の段差をなくすことや効果的な指導を継続するために、多くの自治体で小中一貫教育が進められている。

キャリア教育を広範囲に浸透させるには、1校種のみが取り組みを進めるだけではその成果に限界があり、小中学校で行えば両校種で連携した取り組みが大きな成果を上げることになる。ここでは、小中一貫教育研究推進校として、研究の柱にキャリア教育の視点を据えて行った実践事例について示したい。この長期にわたる研究で行われた試行錯誤が、全国の小中学校で連携したキャリア教育を推進する際の参考になればと考えている。

平成19年度より3年間、小中一貫教育研究推進校として荒川区立第三中学校と荒川区立汐入小学校で研究が始まった（この研究は後に8年間続くことになる）。小・中学校9年間を見通したキャリア教育の在り方の研究（学習プログラムの作成）を進めるものであった。

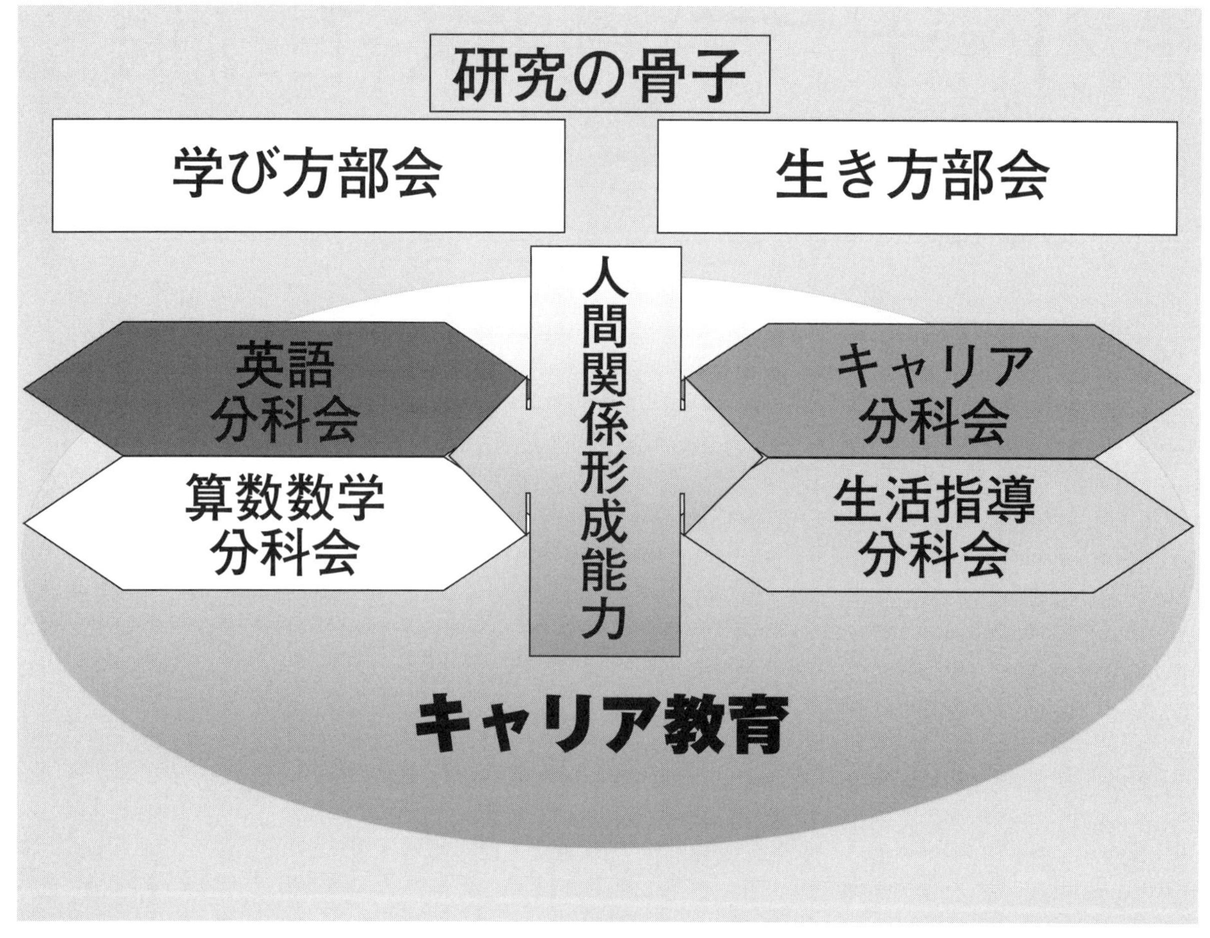

研究テーマを「**自ら考え、判断し、行動できる社会人を目指して**」とし、副題を「**～勤労観・職業観の育成～**」とした。

大きな特色は、研究のベースにキャリア教育を中心として据えていたことである。研究の骨子は大きく学び方部会と生き方部会に分け、学び方部会では英語と算数、数学分科会に分け、生き方部会ではキャリア分科会（これは狭義の意味で勤労観・職業観に特化したもの）、生活指導分科会に分けて研究が始まった。とくに当時の４領域８能力の能力分野についても、全ての能力を最初から扱うというより人間関係形成能力を全ての分科会で焦点化して進めるというものであった。

今後、どこの地域で小中一貫教育を進めるにしても様々な課題が発生することになる。おそらく本研究で両校が取り組む際に悩んだことは、今後小中学校が連携して取り組むキャリア教育推進についても同様に発生する課題と考えられる。

１．平成19年度、小中一貫教育研究推進校の研究が動き出すまでの課題

小中学校の校種の考え方の違いにより研究開始の１年目に課題となったことは、キャリア教育の推進ということに限らず、各教科領域での連携という際にも同様の課題が発生するように思う。まず、課題になったことは次のようなことである。

①何から始めればよいかわからない。

②できることからやろうでは、長続きしない。

③研究の必要性を感じない教職員がいる（本気になれないという本音）。

④交流活動ぐらいができればよいではないかという安易な発想が、双方に存在する（一貫教育の目的）。

⑤教職員に「やらされている」という受け身の意識が極めて強い。

⑥形にこだわるのか中味にこだわるのか、校種による考え方の違いが研究の進行を遅らせる。

⑦教員の年齢構成や汐入小学校50人、第三中学校20人という年齢・人数・経験の差等の違いがあり、同じ視点で研究する難しさがあった。

⑧小中学校の文化の違いを主張することが多く、互いの文化が最良と主張し合う現状があった。

⑨「時間がない」を繰り返す教員が多く、時間をどう生み出すかが課題であった。小中学校での教育課程の連携が必要となっていた。

⑩双方の管理職にもそれぞれ考え方があり、その違い、主義主張をうまく埋めていくことが課題であった。

2．模索の中から、いかに研究が動き出したか

①両校の研究主任（コア人材・キーパーソン）が親しくなり、キャリア教育を中心とする小中一貫教育の推進にイメージを共有するための意見交換を重視していった。両校の主幹教諭の意識の高揚が大きく研究を動かし始める。

②小中学校の代表者で構成するワーキングチームを結成し、本音で語り合う中からお互いの理解を図り、考え方を統一していった。定期的なチーム会議を企画し、素案づくりを積極的に進めた。

③両校の管理職、主幹教諭により意図的な働きかけを行い、双方の教職員の姿勢を変える努力を行った。時には両校教職員の不平不満の声を拾い、可能な限り意見を反映することで意欲の高揚へつなげていった。

④ワーキングチームで話し合われたことは「汐三だより」という新聞形式で両校の70名以上の教職員に配布し、話し合いでの確認事項を共有していった。

⑤研究推進がスムーズに行われるように、研究授業等の実施に伴う時間の共有化を教務主任間で緻密な調整を行い、時間の確保に努めていった。

3．キャリア教育を基本とした小中一貫教育研究推進の課題と具体的実践

【課題１】

①研究する教科を絞り込めば教科担任制の中学校側は一部の教員の関わりとなり、限定される。

②全ての教科を扱うことになると、広がりすぎて研究の焦点が曖昧になる。

③キャリア教育をベースにするとしても、何を切り口にしていくのかが課題である。

【具体策１】

①研究の全体を「学び方部会」「生き方部会」と、大きくふたつの部会にした。

②全教職員が研究に関わり、責任範囲を明確にできるよう細分化した。

③学び方部会を２分科会（英語分科会・算数数学分科会）、生き方部会を２分科会（キャリア分科会・生活指導分科会）に分け、全教職員でキャリア教育を基盤とした小中一貫教育の研究をスタートさせた。

【課題２】

①将来、区内の全ての小中学校で一貫教育を目指す場合、それぞれに学校環境の違いがあり、研究

そのものの成果を生かすことができるのか。

②地域性を生かす小中連携の在り方を考える必要がある。

【具体策２】

①すでに両校が取り組んできたものを小中一貫教育の取り組みへと変化させる。

②ともに共有する地域人材、地域の特色といった地域資源を生かす教育活動を推進させる。

③キャリア教育と環境教育の位置づけをはっきりとさせていく。

【課題３】

①４つの分科会をどうまとめていくのかが課題である。それぞれが別方向に動きだすのではないかという心配がある。

②小中学校がそれぞれの文化に応じて自分たちのペースで動き出すのではないか。

【具体策３】

①全ての分科会のまとめ役となるコーディネーターの指導者を区に要請した。

②４分科会に４人の指導者を要請した。

③管理職の役割分担をしっかりと決めて、その分野の主導することを分担していった（校長・副校長）。

④小中学校それぞれの特性を生かす校内研修の実施と合同研修を実施した。

【課題４】研究開始にあたり生じた課題

①２校の現状（実態）分析をどう行うのか。

②研究へ取り組むための意思統一、方向性をいかに固めるのか。

【具体策４】

①荒川区学力向上調査の数値分析等、これまでのデータを有効に活用した。変容の基盤となる、必要なアンケート調査を実施した。

②教育委員会指導室長、統括指導主事による区の目指す方向性、研究に期待するものを講義いただき、２校で目指す方向性の共通理解を図った。

以上が研究推進をスタートさせた時期の課題とその具体策である。文化の違う小中学校とよく言われるが、それぞれの協力により力強く研究を推進していったのである。本研究の特色は、小中一貫教育推進をキャリア教育の考え方をベースに置き進めたということである。

英語分科会では、主題として「キャリア教育の視点である積極的にコミュニケーションを図ろうとする態度の育成」を掲げ、「人間関係形成能力の育成の視点」に焦点を当てた。研究の手立てとして、

①９年間指導計画の共同作成

②小学校での書くことの指導

③Teacher Talkを精選

④聞く活動の重点化

⑤語彙リストの作成

⑥英語ノートの活用

等を実践しながらその成果を検証していった。成果として積極的なコミュニケーションを図ろうとする姿勢が見られたこと、小中学校の英語学習の連携がスムーズに図れるようになってきたこと、目指す児童生徒像である「かがやく子」の実現に向けて意欲的な児童生徒への変容が見られたことなどがあげられた。課題としては、学年があがっても積極的にコミュニケーションを図れるように指導を積み重ねていくことや、自ら語彙力や表現力を高めていく力をより一層育てるなどがあった。

算数・数学分科会では、主題として「数学的な思考力と表現力の育成、９年間の習熟度を配慮したコース別学習の在り方」を主題として研究を行った。具体的な手立てとして、

①指導計画の作成

②レディネステストの作成と実施、児童・生徒の実態に合わせた学習内容の重点と精選

③９年間の指導計画の作成

等を実施した。授業の中でキャリア教育の視点を取り入れ、能力を高めさせることをねらいとし、問題解決型の学習の充実を研究することとなった。育てたい能力として、

①情報を分析・評価し、課題を把握することや問題の理解と解決のための計画を意識した取り組みへとつなげた。

②解決の構想を立て、数学的な考え方をもとに思考過程を表現しながら解決する。解決へ実行する能力を重視した。

③互いの考えを伝え合い、自らの考えや集団の考えを評価・発展させることとした。解決の検討や次の授業への問題意識の高まりがみられるようになった。

成果としては、既習事項を大切にする態度の高まり（スパイラル）や思考の過程を、数学的な表現・表記を用いて説明しようとする態度の育成が進んだことである。今後の課題としては、習熟度

に応じた評価テストの作成・実施等を充実させる必要がある。

生活指導分科会では、「地域に愛着をもち、人との関わりを大切にする態度の育成」とし、人間関係形成能力の育成、規範意識の育成を主にキャリア教育での地域人の育成を視野に入れながら研究を進めていった。生活指導における指導は、小学校、中学校がそれぞれの考え方で行う場合が多いが、小中学校で一貫した指導を行うことがより大きな成果に結びつくのではないかと考え、具体的な実践へと結びつけていった。

９年間を見通したカリキュラムの作成の実践では、共通の生活指導冊子を作成することで児童・生徒はもとより、それぞれの教職員、保護者が共通理解し、同じ基準で指導が行われることで、いかに成果が現れていくのかを検証していった。小中学校で作成した生活指導のきまりは、上段が小学校、下段が中学校というように対比させながら作成し、発達段階に応じて共通の指導内容を提示した。常に同じ目標に向かい一貫性をもって指導していることを示していった。両校には同じ生活指導の基準を表すポスターが貼られるなど、統一感をもった指導が行われ、その後、小学校の卒業生が中学生になるときにスムーズな移行が行われるようになった。

キャリア分科会（狭義のキャリア教育）では、小中一貫教育研究推進校の研究の柱のひとつとして、小中学校９年間の教育活動を見通したキャリア教育の在り方について研究を進めた。研究の大きなテーマは「自ら考え、判断し、行動できる社会人を目指して～勤労観・職業観の育成～」である。小学校６年間と中学校３年間の学習の系統性を意識して「勤労観、職業観を育む学習プログラム」を開発し実践へと移した。この際、国立教育政策研究所が示した「職業観・勤労観を育む学習プログラムの枠組み」を参考として地域の特色、それぞれ小中学校の育てたい児童・生徒像や課題を意識し、学習プログラムを作成した（次ページ掲載）。この作業を通じて、小中学校の両校がこれまでの行ってきた教育内容をもう一度見直し、より良いキャリア教育推進へと舵を切る機会となった。

小学校１年生から指導者である教員がキャリア教育の視点で学習活動を工夫し、さらに児童会・生徒会の連携による地域活動や円滑な接続を目指した小中交流活動を行った。キャリア教育分科会では、様々な議論が行われ、小中の教職員のキャリア教育を意識した発言、提案が意識の変容を感じさせた。

勤労観、職業観を育む９年間のプログラム

○勤労観、職業観を育む学習プログラムの枠組み－３つの柱と人間関係形成能力の育成の視点から

領域	領域説明	能力説明	荒川区立汐入小学校 低学年	荒川区立汐入小学校 中学年	荒川区立汐入小学校 高学年	荒川区立第三中学校 １学年	荒川区立第三中学校 ２学年	荒川区立第三中学校 ３学年
職業的（進路）発達の段階			進路の探索・選択にかかる基盤形成の時期			現実的探索と暫定的選択の時期		
○職業的（進路）発達課題（小～中学校段階） 各発達段階において達成しておくべき課題を進路・職業の選択能力及び将来の職業人として必要な資質の形成という側面から捉えたもの。			・自己及び他者への積極的関心の形成・発展 ・身のまわりの仕事や環境への関心・意欲の向上 ・夢や希望、憧れる自己イメージの獲得 ・勤労を重んじ目標に向かって努力する態度の形成			・肯定的自己理解と自己有用感の獲得 ・興味・関心等に基づく職業観・勤労観の形成 ・進路計画の立案と暫定的選択 ・生き方や進路に関する現実的探索		
職業的（進路）発達にかかわる諸能力			職業的（進路）発達を促すために育成することが期待される具体的な能力・態度とその実践					
領域	領域説明	能力説明						
人間関係形成能力	他者の個性を尊重し、自己の個性を発揮しながら、様々な人々とコミュニケーションを図り、協力・共同してものごとに取り組む。	【自他の理解能力】 自己理解を深め、他者の多様な個性を理解し互いに認め合うことを大切にして行動していく能力	・自分のよい所やがんばったことを見つけようとする。 ・友達と仲良く遊び、助け合う。 ・お世話になった人に感謝の気持ちをもつ。 ①生活「おもちゃランドにあつまろう」 ①生活「なかよし　いっぱい　だいさくせん」 ②生活「1年生と遊ぼう」 ②生活「ひろがれ　わたしの　ものがたり」	・自分のよいところを見つけ、伸ばす。 ・友達のよいところを認め、励まし合う。 ・自分の生活を支えている様々な人に感謝する。 ③道徳「プレゼント」 ③道徳「ブラッドレーのせいきゅう書」 ④道徳「お母さんとの約束」 ③④総合「環境交通」	・自分の長所や欠点に気付き、自分らしさを発揮する。 ・自分とは異なる他者の考えや態度を理解し尊重する。 ・自分が大勢の人に支えられていることに気づき感謝する。 ⑤⑥道徳「自分をみつけみがきをかけよう」 ⑤⑥道徳「生き生きしている自分」 ⑤⑥総合「環境交通」	・自分の良さや個性がわかり、他者の良さや感情を理解し、尊重する。 ・自分の言動が相手や他者に及ぼす影響がわかる。 ・自分の悩みを話せる人を持つ。		
						道徳「自分らしさ（個性の尊重）」 道徳「ちいちゃんのつめ（友情・信頼）」	道徳「奇跡の一週間（生命の尊重）」 道徳「妹に（生きる喜び）」 道徳「なみだ（謙虚な心）」 道徳「失敗？それが今の君（個性の伸張）」	道徳「高く遠い夢（強い意志）」 道徳「兄からのメッセージ（個性の伸長）」 道徳「ぼくにもこんなよいところがある(個性の尊重)」 道徳「たとえぼくに明日はなくとも(生命の尊重)」 総合「上級学校調べ・訪問」
		【コミュニケーション能力】 多様な集団・組織の中で、コミュニケーションや豊かな人間関係を築きながら、自己の成長を果たしていく能力	・あいさつや返事をする。 ・自分の思いや考えをみんなの前で話す。 ・友達や下学年の子を誘って、仲良く遊ぶ。 ①道徳「あいさつはこころのリボン」 ②生活「1年生と遊ぼう」 ①②行事「汐入まつり」（6月） ①②行事「運動会」（9月）	・自分の意見や考えを分かりやすく表現する。 ・友達の気持ちや考えを理解しようとする。 ・友達と協力して、学習や活動に取り組む。 ③総合「まちではたらく人たち」 ④総合「１／２成人式」 ③④行事「汐入まつり」（6月） ③④行事「運動会」（9月）	・自分と相手との考えや意見の違いを理解し考えながら話すことができる。 ・思いやりの気持ちをもち、相手の立場に立って考え行動しようとする。 ・異年齢集団の活動に進んで参加し、役割と責任を果たそうとする。 ⑥総合「人と出会い人と関わり人として生きる」 ⑤⑥縦割り班活動（異学年との交流） ⑤⑥行事「汐入まつり」（6月） ⑤⑥行事「運動会」（9月）	・他者に配慮しながら、積極的に人間関係を築こうとする。 ・人間関係の大切さを理解し、コミュニケーションスキルの基礎を習得する。 ・リーダーとフォローの立場を理解し、チームを組んで互いに支えながら仕事をする。 ・新しい環境や人間関係に適応する。		
						総合「職場訪問」 特活「町会合同運動会」 総合「環境交通」 道徳「おはよう（礼儀・適切な言動）」 道徳「小さなしつけ（望ましい生活習慣）」	総合「勤労留学」 特活「町会合同運動会」 総合「勤労留学交流会」 道徳「一枚のはがき（礼儀の大切さ）」 道徳「なみだ（相手の立場で）」	特活「町会合同運動会」 総合「勤労留学交流会」 道徳「ごあいさつのすすめ（心の触れ合い）」 道徳「あふれる愛（人間への慈しみ）」
情報活用能力	学ぶこと・働くことの意義や役割及びその多様性を理解し、幅広く情報を活用して、自己の進路や生き方の選択に生かす。	【情報収集・探索能力】 進路や職業等に関する様々な情報を収集・探索するとともに、必要な情報を選択・活用し、自己の進路や生き方を考えていく能力	・家族の仕事や、地域で働く人の様子が分かり、興味・関心をもつ。 ①生活　「みんな　だいすき　かぞく」	・いろいろな職業や生き方があることが分かる。 ・分からないことを図鑑などで調べたり、質問したりする。 ③総合「まちではららく人たち」（社会科見学）	・身近な産業・職業の様子やその変化が分かる。 ・自分に必要な情報を探す。 ・気付いたこと、分かったことや個人・グループでまとめたことを発表する。 ⑤総合「隅田川に抱かれた汐入の街」 ⑥中学校でのハーローワーク見学（１１月） ⑥中学生による勤労体験報告交流（２月）	・産業、経済等の変化に伴う職業や仕事の変化のあらましを理解する。 ・上級学校、学科等の種類や特徴及び職業に求められる資格や学習歴の概略が分かる。 ・生き方や進路に関する情報を、様々なメディアを通して調査・収集・整理し活用する。 ・必要に応じ、獲得した情報に創意工夫を加え、提示、発表、発信する。		
						特活「清里移動教室」（調べ学習・発表） 総合「環境交通」 総合「弁論大会（環境）」 総合「職場訪問」 総合「校内ハローワーク」	特活「下田移動教室」（調べ学習・発表） 総合「勤労留学」 総合「校内ハローワーク」	総合「上級学校調べ」 総合「校内ハローワーク」
		【職業理解能力】 様々な体験等を通して学校で学ぶことと社会・職業生活との関連や今しなければならないことなどを理解していく能力	・係りや当番、家での仕事に日常的に取り組み、それらの大切さが分かる。 ①②学級活動「かかりのしごと」 ①生活「みんな大すき　じぶんにできること」	・係や当番活動に積極的にかかわり、働くことの楽しさが分かる。 ③道徳「だいこんあらい」	・施設見学・職場見学等を通し、働くことの大切さや苦労が分かる。 ・学んだり体験したりしたことと、生活や職業との関連を考える。 ⑤⑥道徳「働くってどういうこと？」 ⑥職場体験（２月）	・将来の職業生活と関連の中で、今の学習の必要性や大切さを理解する。 ・体験等を通して、勤労の意義や働く人々の様々な重いが分かる。 ・係・委員会活動や職場体験等で得たことを、以後の学習や選択に生かす。		
						総合「校内ハローワーク」 道徳「山奥の請負配達夫（勤労・社会への奉仕）」	総合「校内ハローワーク」 道徳「金語楼さんのこと（勤労と奉仕の精神）」	総合「校内ハローワーク」 道徳「たんぽぽ作業所（勤労・社会への奉仕・公共の福祉）」
将来設計能力	夢や希望を持って将来の生き方や生活を考え、社会の現実を踏まえながら、前向きに自己の将来を設計する。	【役割把握・認識能力】 生活・仕事上の多様な役割や意義及びその関連等を理解し、自己の果たすべき認識を深めていく能力	・家の手伝いや割り当てられた仕事・役割の必要性がわかる。 ①生活「みんな大すき　じぶんにできること」 ①道徳「おてつだい」	・社会生活にはいろいろな役割があることや、その大切さがわかる。 ・互いの役割や役割分担の必要性が分かる。 ④道徳「チューリップの球根」 ③④総合「環境交通」	・日常の生活や学習と将来の生き方との関係に気付く。 ・仕事における役割の大切さや関連性、その変化に気付く。 ⑤総合「清里移動教室」 ⑥総合「下田臨海学園（夏季施設）」 ⑥総合「下田移動教室」 ⑤⑥総合「環境交通」	・自分の役割やその進め方、よりよい集団活動のための役割分担やその方法等が分かる。 ・日常の生活や学習と将来の生き方との関係を理解する。 ・様々な職業の社会的な役割や意義を理解し、自己の生き方を考える。		
						総合「職場訪問」 総合「校内ハローワーク」 総合「環境交通」	総合「勤労留学」 総合「校内ハローワーク」	総合「上級学校調べ・訪問」 総合「校内ハローワーク」
		【計画実行能力】 目標とすべき将来の生き方や進路を考え、それを実現するための進路計画を立て、実際していく能力	・自分のやりたいことが分かり、それに向けて見通しをもって、作業の準備や片づけをする。 ①生活「とびだせ　あそびたい」 ②生活「わくわくフェスティバル」	・将来の夢や希望を持つ。 ・計画づくりの必要性に気付き、作業の手順が分かる。 ・学習等の計画を立てる。	・将来のことを考える大切さがわかる。 ・憧れとする職業をもち、今しなければならないことを考える。 ・学習等の計画を立て、見通しがもてる。 ⑥中学校部活動見学（８月） ⑥中学校体験入学（２月）	・将来の夢や職業を思い描き、自分にふさわしい職業や仕事への関心・意欲を高める。 ・進路計画を立てる意義や方法を理解し、自分の目指すべき将来を暫定的に計画する。 ・将来の進路希望に基づいて当面の目標を立て、その達成に向けて努力する。		
						総合「職場訪問」 総合「校内ハローワーク」 特活「清里移動教室」 特活「生徒会・委員会活動」	総合「勤労留学」 総合「校内ハローワーク」 特活「下田移動教室」 特活「生徒会・委員会活動」	総合「上級学校調べ・訪問」 総合「校内ハローワーク」 特活「生徒会・委員会活動」
意志決定能力	自らの意志と責任でよりよい選択・決定を行うとともにその過程での課題や葛藤に積極的に取り組み克服する。	【選択能力】 様々な選択肢について比較検討したり、葛藤を克服したりして、主体的に判断し、自らにふさわしい選択・決定を行っていく能力	・自分の好きなもの大切なものをもつ。 ・学校の決まりを知り、進んで守ろうとする。 ①生活「がっこうたんけん」	・クラブ活動や係活動などで自分のやりたい ものを選んで、進んで取り組む。 ・してはいけないことが分かり、自制する。 ③道徳「バドミントンクラブ」 ④道徳「エジソンとえいじ」 ④道徳「ぼくの部屋」	・委員会活動などで自分のやりたいこと、よいと思うことを考え、自発的に取り組む。 ・教師や保護者に自分の悩みや葛藤を話す。 ⑤⑥委員会活動	・自己の個性や興味・関心等に基づいて、よりよい選択をしようとする。 ・選択の意味や判断・決定の過程、結果には責任が伴うことなどを理解する。 ・教師や保護者と相談しながら、当面の進路を選択し、その結果を受け入れる。		
						道徳「選手に選ばれて（社会の秩序と起立）」	道徳「われここに生きる（強い意志）」	道徳「わき役の力（集団生活の）向上」 道徳「卒業文集最後の二行（正義・公平）」
		【課題解決能力】 意思決定に伴う責任を受け入れ、選択結果に適応するとともに希望する進路の実現に向け自ら課題を設定してその解決に取り組む能力	・自分のことは自分で行おうとする。 ・自分たちで決めた遊びや活動を成功させるために、何ができるかを考え、実行する。 ①②義捐金募金活動（不定期） ①②ボトルキャップ集め（常時）	・自分の仕事に対して責任を感じ、最後までやり通そうとする。 ・自分の力で課題を解決しようと努力する。 ④クリーニングプロジェクト ③④義捐金募金活動（不定期） ③④ボトルキャップ集め（常時）	・生活や学習上の課題を見つけ、自分の力で解決しようとする。 ・将来の夢や希望をもち、実現を目指して努力しようとする。 ⑤⑥クリーニングプロジェクト ⑤⑥義捐金募金活動（不定期） ⑤⑥ボトルキャップ集め（常時） ⑤⑥中学生との委員会交流	・学習や進路選択の過程を振り返り、次の選択場面に生かす。 ・よりよい生活や学習、進路や生き方等を目指して自ら課題を見出していくことの大切さを理解する。 ・課題に積極的に取り組み、主体的に解決していこうとする。		
						クリーニングプロジェクト（毎週金曜日） 義捐金募金活動（不定期） ボトルキャップ集め（常時） 小学生との委員会交流 地域清掃「ゴミ０作戦」（５／３０）		

〈汐入小・第三中　小中一貫教育〉
研究構想図

〈背景〉
再開発が進み、ここ2、3年で人口が急激に増えてきた。昔からあるものと新しく入ってきたものが混在する汐入地区の中で…

〈人々の願い〉
・温かな人間関係の構築
・みんなが参画してよりよい街づくりを
・自ら考え、判断し表現し、行動できる自立した社会人の育成

〜みんなの願いを教育の力で〜
小学校、中学校が連携して教育を行い、汐入の街の中で、豊かに生きる子どもたちを育てていこう。

小中一貫教育への願い

荒川区教育委員会の教育目標

人権尊重の精神を基本とし、子どもたちが知性、感性、道徳心や体力をはぐくみ、人間性豊かに成長することを願い、それぞれの個性を伸ばし、その可能性を開花させる教育を目指す。

荒川区学校教育ビジョン
―教育の荒川区宣言―
未来を拓きたくましく生きる子どもを育成する
○個性や能力を伸ばす教育を進める

教育目標
〜汐入小〜
かがやく子

研究主題
主体的に学び活動する児童・生徒を育てる
小中一貫教育の実現
―円滑な接続を目指して―

教育目標
〜第三中〜
人間として
かがやく

研究仮説
○小中学校の円滑な接続を目指し、9年間の計画的かつ継続的な指導を行えば、基礎的、基本的な内容を確実に習得し、学んだことを主体的に活用する児童・生徒が育つであろう。
○小・中学校が連携して汐入の街にかかわる活動を行えば、地域に目を向け、周りの人と進んで関わり、地域の一員として主体的に活動できる児童・生徒が育つであろう。

研究内容

学び方部会（英語、算数・数学）

部会主題：思考力、表現力の向上を目指して

・9年間の連続した学習内容を系統的に捉えた指導計画の作成
・小・中学校教員の交流による授業改善
・基礎的、基本的な内容の確実な定着を図るための指導の工夫

生き方部会（キャリア、生活指導）

部会主題：部会地域社会の担い手の育成を目指して

・職業観·勤労観を育む9年間の学習プログラムの開発と授業実践
・児童会・生徒会の連携による地域活動の促進
・円滑な接続を目指した小中間の交流活動の実施
・小中一貫の生活指導体制の構築

キャリア教育

既に実践している行事をつなぎ、質を高める

①勤労留学交流会の連携

　勤労留学の項で具体例でも述べた、中学校３年生から２年生への勤労留学交流会は、中学校の中で縦の関係を生かすという点で大変効果的な取り組みであった。このことを小中連携でも生かせないかという発想から、勤労留学を終えた中学校２年生が、職場体験を控えた小学校６年生に対するプレゼンテーションを行うという場面設定を行った。勤労留学交流会では聞き手だった中学校２年生が、体験をもとに自信をもって説明する姿は大変微笑ましく、真剣に聞き入る小学校６年生は、事前学習と共に中学生とのふれあいの中から、中学校に対する期待が高まったという感想を述べる程だった。職場訪問に対する予備知識を中学生から学ぶことで、社会人として求められることを知ることと、目の前の中学生の姿から校種の違いを実感することは、ともに大切なキャリア教育であった。小中学校どちらかがこれまで行ってきた行事を効果的につなぐことができれば、双方にとって教育効果が一層高まるというものも多いのである。連携することでキャリア教育は加速度的に広がりを見せる。

②環境教育の連携

「環境活動・地域人を育成するキャリア教育の推進」で実践を紹介したところだが、このような取り組みは小学校でも様々な形で実施していることが多い。同じ地域で行われている取り組みだからこそ、それをつなぐことで一層高い成果が期待できる。本校では、小中一貫教育研究を機に環境教育をつないでいった。それぞれの小中学校で行ってきた環境学習を、環境交通学習という視点で学習指導計画を作成し、系統的に発達段階に応じた指導を行うことで、環境に対する高い意識が生ま

れ、興味関心が意欲的な学習に結びつくものと考えた。次の表は両校で作成した学習概要である。

環境交通学習　４年間の学習のタイトルとねらい、学習概要（荒川区立第三中学校・荒川区立汐入小学校）

平成20年２月20日

学年	タイトル	ねらい→達成目標	学習概要　☆学習のポイント
小４ 【起】	『私たちのまち 汐入の歴史と交通』	地域の歴史的特徴、交通の特徴、地域の資源・魅力を知る →地域への関心をもつ	起：予備学習１（社会科として　歴史中心） 承：予備学習２（総合として　荒川の交通） 転：校外体験（まち歩きでの確認と発見）とまとめ活動（ワークシート整理） 結：成果物製作（「新聞」か「ポスター」づくり） ☆　基礎的な知識を得る
小５ 【承】	『かしこいクルマの使い方を考える』	交通の重要性、手段とその特徴を知る →適切な交通手段の選択ができるようになる	起：学習（クルマについて）（交通すごろく体験） 承：学習（かしこいクルマの使い方） 転：GW　体験学習１（交通プランづくり） 結：GW　成果物製作（保護者・地域へ「交通ニュース」づくり） ☆　交通について関心をもつ
小６ 【転】	『歩いて楽しい あらかわづくり』	「歩いて楽しいまち」について、その要素をあげ、調査する →現状の問題点を発見する	起：学習（歩いて楽しいまちづくり） 承：GW　課題探し１（要素探し　宿題とまとめ） 転：GW　課題探し２（まち歩き）とまとめ活動（ワークシート整理） 結：GW　成果物製作（保護者・地域へ「歩いて楽しいまちづくりニュース」製作） ☆　まちづくりに関心を広げる（問題点、課題をつかむ）
中１ 【結】	『私たちの暮らすまちの将来の姿を設計しよう！』	小６【転】の問題点を受け、更に体験的に調べ、将来のまちに向けた提案をまとめる →将来のまちの姿を提案する（Visionを描く）。その実現策を提案する。	起：事前学習（取り組みテーマの問題点を理解し、取り組み活動候補を出す） 承：GW　調査、取り組み課題づくり 転：GW　体験調査と提案まとめ活動 結：GW　まちづくり発表会（区民も参加する形で実施） ☆　①視点の総合性（まちづくりとしての活動の多様性とつながり（連携性））／②ビジョンを描く／③対策を提案する ○　活動の継続性：「将来の姿」を毎年レベルアップしていく ○　活動のビジュアル化：まちの模型やイメージ図（設計図）を常設展示 →継続的改善が目に見えるためのしかけ

注１）学習時間は10～15校時程度を目安とする　　注２）GWは、グループワークの略

この環境交通学習の取り組みは４年間続くことになるが、４年目には小学校４年生当時から環境交通学習を計画的に学んできた児童が中学生となり、年を追うごとに極めて高い意識で環境を捉えるようになり、発展的な学習へとレベルを上げていった。小中学校の指導を計画的に進めることの効果を強く感じることができた。また、区民に向けた発表や、荒川流域の各都県の生徒が集まる環境サミットでも、見事なプレゼンテーションを発表するまでに成長した姿を見せた。

③中学生による合唱訪問

小中一貫教育の研究が進み出したころ、文化祭を終えた中学校３年生の学年合唱を、小学校の全校朝礼で披露するという提案をした。調整を行い実現できるまでにはあまり多くの時間を要しなかった。この提案のねらいは、単に小学生に中学生の完成度の高い合唱を聴かせるというのではなく、キャリア教育の視点で行うということである。それは、小学校１年生が９年後の自分の姿をイメージすることで、毎日の学校生活に意欲的に取り組んでもらうという、将来の自分の姿を考えさせる大きなねらいがあった。ちょうど中学生が「校内ハローワーク」で講師をお願いする20代の社会人の姿を見て、将来の自分の姿を想像するのと似ている。全児童の前で圧倒する力強い歌声は、小学校の各学年に思い思いの目標を芽生えさせたに違いない。ひとつの合唱披露であるがそれが単なる合唱発表か、キャリア教育の視点で行うかによって成果は大きく変わる。

④あいさつ運動をつなぐ

あいさつは社会人の基本で、あいさつ運動も扱い方によってはキャリア教育の重要な取り組みとなる。これまでも小中学校の両校で意図的に取り組んできたあいさつ運動だが、定期的に小中合同で行うことで、小中学生がともにあいさつし合う関係づくりを行った。月数回のペースで行われたこの取り組みは、地域に小中学生の声が響き、区民に対して小中一貫教育を強く印象づけるものとなっていった。

この他、あいさつ運動のみならず、小中学校それぞれの生活指導上のルールについても検討が加えられ、項目別に上段を小学校、下段を中学校という比較できる生活指導冊子を作成し、両校が同じ基準で生活指導を行う連携をとっていった。この取り組みは、中学校へ進学する際も違和感なくスタートできることをねらったものである。両校の廊下には、同一の生活指導上のルールが書かれたポスターが掲示され、ほんの少しの工夫でつながりをもち始めた。

⑤「校内ハローワーク」への小学生参加

小中一貫教育研究指定校の研究がスタートしたころ、小中学校がそれぞれ実施している行事に、相互乗り入れができないか協議を進めた。そこで前述した「校内ハローワーク」に、小学校６年生を参加させてはどうかという企画が持ち上がった。実施している３講座のうち３講座目を小学生が参加し、小中合同で行うというものであった。双方の教務主任間で時程の調整を行い、３講座目に小中学生が混じって講座を受講するという形で実施した。将来憧れる職業人の講話は大きな夢へとつながり、学ぶ意欲へと続く。これまで中学校だけで行ってきた勤労観・職業観を育成するキャリア教育の施策である「校内ハローワーク」に、部分的に小学生が参加することで、小学校から系統的なキャリア教育へ大きく踏み出すことになる。

⑥「読み聞かせ隊」小学生へ

荒川区では平成18年度より、学校図書館活性化計画に基づき学校図書館の活用が積極的に行われていた。学校図書館の学習センター化については別項で示すが、小中学校両校で朝読書や読み聞かせが活発に行われていた。本校では朝学活の時間帯に、保護者による読み聞かせを長期間実施していた。そこで小中一貫教育の取り組みとして、中学生の「読み聞かせ隊」なる選抜メンバーが小学校の各学級に出向き、書籍の紹介と感情を込めて読み聞かせを行う。定期的な交流によって、校舎は離れていても同じ学校の上級生という感覚が自然と芽生え始める。

⑦体験授業でつなぐ

小学校６年生が中学校への入学を目前に控えた２月、中学校３年生が入試で不在の時期に合わせて、中学校への体験入学を企画した。

中学校の校舎に入るだけでも緊張する６年生だが、そこで中学校の先生から授業を受けるということで緊張感はさらに増す。この日のために中学校側の教員が、各教科の面白さを体感できる教材を準備したり、中学校と小学校の内容のつながりを熱心に話す授業を行ったりと、中学校教員も普段より緊張感をもって指導にあたる。また、６年生の最大の関心ごとである部活動についても、年間を通じて６年生の体験入部を受け付ける形を構築した。受付にある部活動体験ノートに名前を書き込み体験する。年度末が近づく頃、中学生に混じって活動する小学生が目立つようになる。限られた時間の体験ではあるが、入学前に想像する様々な不安が、いつしか現実の中学校を見て安心へとつながり、目標をイメージしながら中学校進学時期を迎えることになる。

これまで述べたように、それぞれの小中学校では特色ある行事を多数実施している。大切なことはそれぞれの取り組みをキャリア教育の視点で見直すことで、成果が期待できるものについては、すでに実践している行事をつなぐことでより成果が期待できるし、その行事の質そのものを高めることへとつながる。さらに、小中学校の一貫したキャリア教育学習プログラムが作成され、それに基づく実践があってこそ、義務教育におけるキャリア教育は前進する。その際、小中教職員のコアとなる人材のつながりは連携を加速させるものとなる。

一方、これまではイベント的な交流はあったものの、中学校、高等学校とのキャリア教育連携はあまり行われてこなかった。今後、校種を超えた教科指導方法の連携、合同行事での協働という形が構築されていけば、小中高のキャリア教育は系統的につながっていくはずである。

第６章

教科指導編

教科指導で進めるキャリア教育

1．教科指導をキャリア教育の視点で見直し、授業力向上を目指す手法

これまでとかく学校現場では、キャリア教育は職場体験的なものを中心に据えるという傾向が強くあった。そのため勤労観、職業観に関わるイベント的な行事を終えると、その年度のキャリア教育は終了したと考える短絡的思考の傾向があった。今、なぜ小中学校の義務教育段階からキャリア教育の推進が求められているのかという点を学校経営者である校長がしっかりと認識し、その上で学校組織への強い働きかけを行うことが極めて重要であると考える。一般的に学校現場では、キャリア教育と教科指導は別物という捉え方をする傾向が強く、そのことがキャリア教育をなかなか浸透させない要因ともなっているのである。

中学校教育の中でキャリア教育を推進していくためには、解決していかなくてはならない課題がいくつもある。ひとつの課題として、これまでも述べてきたように、平成25年度の内閣府「子ども・若者白書」で報告された、約63万人という若年無業者、いわゆるニートが存在するという現実である。このことは、これまでの学校教育の在り方がそのままで良いのかという点に焦点を当てなくてはならないと考える。

この問題の大きな要因として、知識詰め込み型の教育、目先の進学に向けた得点獲得を重視した指導方法のみに重点が置かれてきており、知識をいかに活用し課題対応できる能力を育成するかという点があまり意識されてこなかったのではないかと考える。いわゆる、21世紀型スキル育成を意識した教育の変容が今まさに必要とされているのである。

もうひとつの課題は、学校という文化が大きな変化を嫌う傾向があるということである。確かにある一定量の指導方法を身につければ、その繰り返しだけで一定の収入を得ることができる。数十年前、私自身が小中学生であった頃にご指導いただいた先生の中には、おそらく何十年も使っているであろうと思われるメモを書き込んだ、指導用の古びたノートを片手に授業を行う先生がいらしたことを覚えている。授業方法についてもこれまでの形を維持しようとする傾向が極めて強く、このことがキャリア教育の視点で授業改善することの弊害になっているとも考えられる。これまでの学校教育は、どちらかというと従来の知識詰め込み型教育、指導教員が知識や考え方を教えたり、伝えたりすることに主眼が置かれる傾向があった。しかし、21世紀型スキルという言葉に象徴される現代社会で求められる力は、コミュニケーション能力や問題解決能力、他者理解の上に成り立つ協働できる能力、ICT活用能力と様々である。その求められる能力を授業の中で育成していくこと

に視点を当てていくことが、真の教科指導におけるキャリア教育推進につながると考える。

教科指導をキャリア教育の視点で見直すこととは、何もキャリア教育を推進のために無理やり授業の中にその視点を取り込むことではない。むしろこれまでの指導では社会人として求められる必要な能力育成という点で精度が低かったとすれば、授業でこそキャリア教育で求められる「基礎的・汎用的能力」の育成を位置づけることで授業改善に結びつくのではないかと考えたのである。つまり、キャリア教育のための授業改善ではなく、授業の質を変えるためにキャリア教育の視点を取り込むのである。

次に、私がどのように具体的な実践に向けて学校組織を動かしたのかを述べたい。

《キャリア教育の視点で授業改善を行う基本的な考え方》

これまでも述べてきたように、学校経営方針の柱は常に「全教育活動をキャリア教育の視点で捉え、基礎的・汎用的能力を育成する学校」としている。言うまでもなくキャリア教育の基礎的・汎用的能力とは、「人間関係形成・社会形成能力」、「自己理解・自己管理能力」、「課題対応能力」、「キャリアプランニング能力」の４能力である。この能力育成のため、教育活動のあらゆる機会を捉えて意図的・計画的にしかけを設定していくことが極めて重要である。このことは職場体験に代表される勤労観、職業観の育成の場面に限定されるものではなく、運動会、文化祭、宿泊行事等の学校行事の際にも育成されるべき能力であり、さらに教科指導の中でこそ中心的に育成されるべき能力と考えたのである。

教員による教科の指導力育成のために、それぞれのステージでは様々な研修会や授業研究が企画されている。当然それぞれの目的は多様であり、ねらいに沿った指導案が作成され、実践とその振り返りが行われる。現任校に着任した際、校長としての大きな課題は、少しでも教員の授業力を向上させ教育品質を高めるということであった。

学校経営の大きな柱がキャリア教育推進による教育改革であったため、通年で行われる校内研修会の研究授業を単なる日頃の授業の検証の場とは位置づけない形をとった。その方法は、授業改善のために必ず基礎的・汎用的能力の４能力のどれかを指導案に位置づけ、研究授業の際にその視点が意識化されているか、意識化されることでどのような効果が期待できるのかを探っていったのである。初年度の平成23年度は経営方針の数値目標として、年間15回以上の研究授業を設定した。当然この回数は通常の学校のスケジュールを考えるとやや厳しいものがある。そこで行った工夫は、定例の校内研修の研究授業だけでなく、例えば、新規採用教員研修会での研究授業、区で行う教科研究会ごとの研究授業でも同様の視点を設定して研究授業を行い、あらゆる機会を活用した。校内研修ではとかく学校内で完結する傾向が強いが、この方法で行うと時には他校の同教科の教員との意見交換や指導者の指導を受けることができ、研究の深まりが一層進むことを期待したのである。

教科を問わず、指導案にこの４能力の視点のいくつかを位置づけ、基礎的・汎用的能力の育成を意識した指導を行うことで、いかに授業の質、生徒の動きを変えられるのかを検証する。研究授業に向けては、文部科学省発行のキャリア教育の手引きを多くの場面で活用した。

２．教科指導で行うキャリア教育の具体的な実践

平成23年度

諏訪台中学校着任１年目は授業の質の向上を掲げ、本来多くの学校で行っている研究授業を積み重ねていった。授業の質の向上が大きなテーマとなった。

平成24年度

平成24年度は全ての教科において基礎的・汎用的能力の育成という視点で研究授業を進めていった。学校経営者である校長自身のキャリア教育に対する理解と、学校組織への強い働きかけが極めて重要であると考える。そのため平成24年度の学校経営方針の「諏訪台中学校・目指す学校像」項目の②には、「教育品質第一で魅力ある授業展開を行う学校」とした。授業の質を上げるためには授業改善が何より必要であった。キャリア教育の基礎的・汎用的能力の育成（社会人として必要な力を身に付けさせる）には４つの能力（人間関係形成・社会形成能力、自己理解・自己管理能力、課題対応能力、キャリアプランニング能力）を指導案に位置づけ、研究授業を展開していった。

生徒の学ぶ意欲、興味関心を高める授業はそれほど簡単にできあがるものではない。しかしながら、現状の授業を単純に繰り返すだけでは、授業の質そのものは何も変わらない。繰り返された研究授業において常に授業の質の変容が認められた訳ではない。しかし、教員一人ひとりの授業改善に向けた意識の変化が、授業そのものの質を微増ではあるが良い方向に変化させ始めていた。

着任２年目となり、これまで述べてきたような学校経営の中心にキャリア教育を据えていることと、授業の質を向上させるという大きな目標に向けて、年15回の研究授業を設定した。その際、基礎的・汎用的能力の４能力（①人間関係形成・社会形成能力、②自己理解・自己管理能力、③課題対応能力、④キャリアプランニング能力）をひとつでも指導案に位置づけることとし、授業の質を変えることで将来社会人として求められる能力を育成することにつながるのではないかと考えた。また、そのような能力育成を意識した授業は、キャリア教育を無理に授業に取り込むというのではなく、むしろ授業改善に向けてキャリア教育の視点を生かすという手法を位置づけた。

例えば、２年前の７月に行われた理科での研究授業では、課題対応能力、人間関係形成能力の育

成を研究授業の大きな柱と位置づけた。指導案作成にあたり校長として特に指導したのは、単なる日頃の授業の検証ではなく、何をどう位置づけることで授業が変えられるのかという視点の明確化であった。さらに基礎的・汎用的能力の育成をどのように具体化したのかという点であった。この研究授業では、とかく教員主導となりがちな理科実験において、指導者の適切な声かけにより生徒集団の意欲を高めさせ、実験中に「人間関係形成能力」、「課題対応能力」の育成を意識する構成にした。実験を進める中で、生徒同士の協議を多く設定することで何が変わるのかを検証するものとなった。いわば議論型理科実験を開始したという感触が得られたのである。このほか保健体育、英語等、全ての教科の指導案でも基礎的・汎用的能力を位置づけて研究を進めていった。

次の図は初期段階での指導案の一部である。指導案の中に人間関係形成・社会形成能力や課題対応能力を位置づけ、これまでの授業と何が違うのかを協議していった。研究授業を進めていく段階で、意図的に実験のなかに議論タイムを設定し、単純に実験が成功した、しなかったでは無く、議論させることで原因を追及するような力を身に付ける授業へと変容していった。

	学習活動	指導上の留意点	評価基準	評価方法
展開 45分	○観察の方法を聞く。	・本時のねらいを明確にし、生徒が目的をもって観察に取り組めるようにする。 ・実験でうすい塩酸、酢酸オルセイン液を使う理由を説明する。 ・押しつぶし法でカバーガラスを垂直に押す理由を説明する。	・集中して聞いている。	行動観察
	○記録の方法を聞く。 ・スケッチの方法を確認する。	・図説する。		
	○観察する。観察した細胞をスケッチして記録する。	・顕微鏡操作を補助しながら机間指導する。	・生徒同士教え合い、関わり合っている。	行動観察
		・観察だけでなく、スケッチをするよう声かけする。	・班員が協力して準備や片付けをしている。 【人間関係形成・社会形成能力】	行動観察 レポート
			・プレパラートを作成し、分裂細胞を見つけることができる。 【課題対応能力】	レポート
		・どうしても自作のプレパラートで分裂細胞を見つけられない生徒には既成のプレパラートでスケッチさせる。	・観察した細胞をスケッチできる。	レポート
		・観察できる残りの時間を伝え、実験の時間配分を意識させる。	・分裂している細胞を同定しようと意欲的に取り組む。 【課題対応能力】	レポート
	○片付けをする。			行動観察
まとめ 5分	○ニンニクの根を顕微鏡で観察・スケッチをしての考察や感想を聞く。		・しっかり発言できる。	行動観察

また、他教科においても基礎的・汎用的能力を位置づける研究授業が進められた。保健体育の走り高跳びの授業では、話し合い活動を中心とする協議型授業を実施した。ふたり１組のペアを作りお互いの跳び方を観察し、それぞれの個人カードに跳び方の良さや課題を記入していく。何が原因でバーを落としたのか、助走はどうだったのかと課題解決に向けて話し合い活動が続く。そしてお互いの指摘の中から解決策を見いだしていく。一見、教員がアドバイスする形と同様だと思われが

ちだが、生徒の目線で課題を指摘し合うことで自分自身の課題に照らすことや、話し合い活動の中で課題対応能力、人間関係形成・社会形成能力を育成するというねらいがあり、自然と授業の質を変えていく。

社会科では扱う内容によってグループ討議を意図的に取り入れ、教員の出す問いかけにそれぞれのグループで協議を繰り返す。多くの生徒の意見を取りまとめていく過程や、ディスカッションすることで相手の意見を受け入れながら自分の意見をしっかりと述べる表現力と、いずれも社会人として求められる能力の要素を多く含んでいた。このように、年15回の研究授業では4能力を部分的に取り入れながら、キャリア教育の視点を意識した授業改善に少しずつ歩みだした。

授業改善が進みだした平成25年度のはじめ、荒川区より「平成25・26年度荒川区授業力向上プロジェクト事業研究指定校」の募集があり、キャリア教育の視点で授業を見直す研究を加速させるためにこの指定を受けることとした。教職員の意識改革という点では、研究指定校という機会を管理職として意図的に取り組むことは、学校経営のひとつの手法と捉えていたからである。

平成25年度、26年度

「荒川区授業力向上プロジェクト事業研究指定校」

～キャリア教育を基軸に行う授業改善の手法～

平成25年度からは2年間の計画で「荒川区授業力向上プロジェクト事業研究指定校」を受けることとなり、授業の中にキャリア教育の視点を取り込みながら授業改善に向けた研究を始めることになった。管理職として研究指定を受けることは、教職員に対して限られた期間の中で集中的に研究に取り組むことで大きな変化を期待できることから、組織全体を変える絶好の機会と捉えている。

研究の方向性とは、必ずしもこれで良いという答えが準備されているものではなく、研究を推進する中で改善点を取り込みながら、PDCAサイクルで柔軟に変化させていかなくてはならないと考えた。全体的な取り組みについては次のようになっている。

【平成25・26年度　荒川区授業力向上プロジェクト事業研究指定校　全体構想】

1．研究主題

キャリア教育の基礎的・汎用的能力の育成を基本とし、新たな視点で全教科の授業を見直し、荒川区の施策である学校図書館学習センター化、タブレットパソコン（以下、タブレットPC）やICT機器の活用等を生かしながら授業力向上を図る。

2．研究主題設定の趣旨

本校の学校経営方針は、「全教育活動を通じてキャリア教育の視点で捉え、基礎的・汎用的能力を育成する学校」である。一般にICT機器が導入されても、学校図書館がいかに充実しようとも、十分に授業に活用せず、これまでの形の授業を維持しようとする傾向がある。荒川区では、区の教育施策を最大限に生かし、荒川区ならではの教育を推進できる環境にある。また、社会情勢の変化に伴い、全教育活動の中でキャリア教育を推進させることが国レベルの施策であり、このことを推進することが求められている。そこで全ての教科指導の中でキャリア教育の基礎的・汎用的能力育成を位置づけ、活用する要素と育てたい能力を常に意識することで、これまでの授業を見直し、授業改善に取り組むこととした。

3．研究指定の期間

平成25年４月１日から平成27年３月31日

4．研究計画

研究授業の指導案には、必ずキャリア教育の基礎的・汎用的能力の４能力と４種類の要素をマトリックスの表で位置づける。大切なことは、タブレットPCを使うことや学校図書館を活用することだけを指して、見た目が変わったから授業の質が変わったということにはならない。この４つの要素を使い、どのような能力を育成するのかを意識化することで授業の構成を変えていく。キャリア教育の視点を教科指導に取り込むことで授業の質の変容を検証することとした。

中学校では教科担任制であるが、授業の質そのものの在り方、手法を検証する観点から教科を超えてグループ協議形式を用いながら研究を進める。また、２年次には要素別に検討を重ね、授業力を高める手法について研究を進める。

5．授業の中で基礎的・汎用的能力を育成する具体策

授業の中でキャリア教育を推進するためには、それぞれの指導の中にキャリア教育の要素を明確に位置づけていかなければならない。新しい手法、具体的な策を配置し、ねらいを明確化するため、指導案の中に次ページに示すマトリックス表を必ず記載することとした。試行する手法と育てたい能力を明示する。

当然同じ教科であっても指導する内容によって要素も違えば、育てたい能力も違う。常に同じ能力の育成を意識するものではなく、内容によって最も効果的と思える手法を取り入れることで授業の質が変化し、授業力向上を目指すこととする。

マトリックス表（例）

要素 / 基礎的・汎用的能力	①人間関係形成能力視点（協議型授業）	②ICT機器活用授業視点（電子黒板・タブレットPC活用授業）	③学校図書館活用授業視点（学校図書館、書籍活用授業）	④外部人材活用授業視点（教科、キャリア専門家）
人間関係形成・社会形成能力	○			○
自己理解・自己管理能力		○		
課題対応能力		○		○
キャリアプランニング能力			○	

縦軸――キャリア教育の基礎的・汎用的能力の４能力

①「人間関係形成・社会形成能力」　②「自己理解・自己管理能力」

③「課題対応能力」　④「キャリアプランニング能力」

横軸①　人間関係形成能力の視点

授業の中にグループワークを取り入れ、討論型理科実験、討論型社会科授業等で議論に基づく授業の在り方を探る。

②　ICT機器活用授業の視点

これまでの実践をもとに電子教科書を活用しつつ、電子黒板活用を意識した授業改善に取り組み、ICT機器活用、タブレットPCの活用による改善を中心に授業改善を行う。

③　学校図書館活用授業の視点

学校図書館の活用を更に進め、コラボレーション授業（図書館司書と教科担任の協働授業）を実践する中で、中学校における「調べ学習」を中心とした図書館活用授業の在り方を探る。

④　外部人材活用授業の視点

外部人材を活用した理科実験等、学ぶ意欲を高める外部人材活用授業を研究し、適切な協働授業の在り方を探る。

3．具体化されていった視点

研究授業は全教員を対象に実施した。同時に複数実施する研究授業の際、授業のない教員が手分けし、ひとつの教科を担当して授業観察を行う。指導案に示されたマトリックスを見ながら、授業者と授業参観者が授業の内容について良かった点、改善すべき点について様々な角度から意見交換をし、次の授業に向けて改善点を検討する。授業でどのように基礎的・汎用的能力を育成しているのか様々な角度から研究がすすんでいった。具体例をあげると次のようなものである。

①人間関係形成能力（協議型授業）

人間関係を構築する力の育成については、グループワークや発表を取り入れ、話し合い活動や討論型授業を意図的に取り込んでいく。理科実験等では議論型の手法を取り入れ興味、関心を高める点で成果をあげた。また、美術科では授業におけるキャリア教育の視点を、「色と形とイメージについて自分なりの考え方をもち、表現する力の育成」「作品を自分の価値観で鑑賞できる力の育成」と規定した。その上で、授業では色や形の効果を理解しながら言葉や作品で表現したり、作品から受けるイメージを批評的な視点で発表・記述したりする活動を行い、人間関係形成能力や言語力・表現力の向上を図っていった。

②ICT機器活用

電子黒板による電子教科書使用による授業の在り方を検討することを主に研究を進めたが、平成25年度より「タブレットPC先進導入校」の指定を受け、全生徒にひとり１台のタブレットPCが配置された。これを受け電子黒板やタブレットPCを活用していかに授業を変え、基礎的・汎用的能力の育成という視点で授業改善を図る研究が加速した。

例えば、体育科の跳び箱の授業では、タブレットPCで模範演技を見せた後、生徒が跳んでいる様子を撮影し、生徒はグループ単位で動画を見ながら改善点をチェックし合う。その後、教員がアドバイスを加えるという形である。このようにして、タブレットPCを活用することから自己理解・自己管理能力や、グループでお互いの課題を協議し、アドバイスし合うことで解決策を見つける課題対応能力が育成されていく。

英語科では、生徒がインターネットで英文法の解説サイトを探してノートにまとめる調べ学習、文書作成ソフトやプレゼンテーションソフトのスペルチェック機能を利用して、より正確な英文を作る練習などに活用した。手書きでは全ての間違いを直すように指導しきれない部分もあるが、PCを利用することでより正確な英文を効率的に学ばせることへとつながった。タブレットPCを導入して特徴的であったのが、授業の効率化が図られ、重要なポイントを重点的に指導できるようになったことである。理科の実験を例にあげるとオームの法則の実験では、電流計をのぞき込む生徒や、電流、電圧の結果をタブレットPCに打ち込む生徒がいて、各班で出た実験結果を電子黒板にグラフ化して映し出す。そこまで要する時間は10分とかからない。全ての班の結果を重ね合わせ、どのような特徴があるのか、その規則性について十分に時間をかけ協議することも可能となった。また、タブレットPC導入期に特徴的であったのは、生徒同士の教え合い活動や得た情報について協議する姿が多く見え始めたことである。協議し合う時間、課題解決に向け考察する時間等、タブレットPC導入に伴う授業改善は、キャリア教育の基礎的・汎用的能力の育成という点でも大きな成果を発揮する。

③学校図書館の活用

別の項でも示したように、21世紀型スキルを身に付けさせるという視点や、情報収集力や情報活用能力を育成するというキャリア教育の視点で考えると、学校図書館を情報センター化、学習センター化していくことは極めて重要なこととなる。そのような考え方で、本校も学校図書館の授業活用に力を入れてきた。そのため、授業改善の大きな柱として図書館活用を位置づけている。

英語科では、図書館で好きな本を選び、英語で紹介する活動を行った。学校司書と教科担当が協働して書籍を活用した授業や、調べ学習を行う「コラボレーション授業」も各教科で行っている。「分からなければインターネットで調べればよい」という人もいるが、情報活用能力を高めるには書籍で「調べ込む経験」のプロセスが重要だと考えている。インターネットで検索する場合、キーワードを打ち込み、それに関連する限られた情報から必要な情報を選び出す能力が求められ、現在の情報化社会において身に付けなければならない重要な能力である。一方で、学校図書館で膨大な文献資料の中から自分で必要な情報を探し出す、必要な情報に近づいていくプロセスはまた違う。同じ情報にたどり着くとしても、PC活用と同時に書籍を読み込みながら調べるというプロセスそのものが、社会人に必要な情報活用能力、情報収集能力を育むことに直結する。

例えば、世界の気象状況を調べる時、気象に関する本を片っ端から探してみる。答えは見つからなくても、次に何を調べればよいのかを考え、仲間と協力して調べ、物事を掘り下げていく体験は、単なる情報活用能力にとどまらない知の探究へと生徒を誘う。

④外部人材の活用

各専門分野のスペシャリストや地域人材等に授業に協力していただくことで授業の質をさらに高めることが可能となる。この要素では、外部人材を活用することでどの程度授業に効果的であるかを検証しようというものである。例えば、英語科では大学生のTAを３人入れ、ALTと合わせて５人で授業を行ったり、理科ではゲスト・ティーチャーを招いて実験を行ったりしている。また、音楽科では、日本の伝統・文化理解教育の一環として、地域の和太鼓指導者にご指導いただく場面を設定することもある。地域社会、産業界と連携し、生徒に世の中の実態を伝え、学校での学びや進路選択への気づきを与えようとした。

外部人材活用授業で陥りやすいので注意したいことは、単なるイベントを実施することで授業が変わるという勘違いである。あくまでも授業力向上は日常的に活用できなければ意味がない。極端な例でいえば、授業の最初に講師紹介、最後に謝辞だけという授業である。これではまさに行事であり、授業力向上とは違う。大切なことは日常の授業で応用できる協働である。そのために授業の主導は当然教科担当、適切な場面で外部人材が補助指導にあたる形を維持しなくてはならない。

以上のようにこれらの授業の手段とした４つの視点は、いずれもどの学校でも行う授業の工夫とそう大きな違いはない。ただし、これらの視点を生かしながら、キャリア教育のどの能力を育成するのかという視点を意識して授業を見直すことが重要だと考えている。

各教科、領域の指導においてキャリア教育の視点、つまり基礎的・汎用的能力の育成という視点を授業に取り込むことで授業の質を大きく変えていくことになる。このことは単にキャリア教育を進めることを目的とするというよりも、授業を通じて社会人として必要な能力を身に付けさせること、体験活動と共にキャリア発達を促そうとするものである。

４．教科指導で行うキャリア教育推進の意義

社会人として求められる能力、21世紀型能力の育成を目指す手法として授業をキャリア教育の視点で見直すことは極めて重要である。コミュニケーション能力や問題解決能力、ICT活用能力とい

うものが、学校行事や体験活動のみならず、日常の教科の授業で学ばなくてはならない。授業を改善していくとき、日常の授業と明らかに違う要素を使い、どのような能力を育成するのかをしっかり位置づけていかなければ大きな変化は期待できない。授業でのキャリア教育を推進できれば授業が変わり、生徒の変容がどうであるかについてはまだまだ未知数な部分も多く、どのように検証していくかが今後の課題となる。

細かな部分に目を向けると生徒の意識に変化が表れつつあることにも気づく。議論し合い解決策を探す姿勢、適切に書籍やICTを活用する姿勢、発表会でのプレゼン力等、キャリア教育の視点で取り組んでいる授業改善は徐々に成果を表し始めている。さらに毎年実施する荒川区学力調査における生徒意識調査では、意欲的に学ぶ姿勢が徐々に身に付いているという結果が出始めている。

授業の中で行うキャリア教育の推進を掲げて、何よりも変わったのは教員の意識である。着任当初はキャリア教育がよくわからないという空気の中で、その意義を説くプレゼンテーションから始めたが、今では職員室などで「この取り組みは社会形成能力の育成につながる」「課題対応能力が高まっている」など、キャリア教育に関する話題があがるようになったほどである。本校では、文部科学省で作成した『中学校キャリア教育の手引き』を教師一人ひとりに配布し活用を促した。今では、付せんやマーカーだらけになるほど読み込む教員もいるほどである。

何度も行われた授業改善協議会

意識の高い研究授業ではなく、普段の授業にも変化が見られる。グループワークやタブレットPCを活用し、人間関係形成・社会形成能力や課題対応能力の向上に努める教師が増えてきており、今までの授業とは構成が変わりつつあることを肌で感じられるようになった。

キャリア教育の成果はすぐ目に見えるような形で表れるものばかりではない。しかし、キャリアの視点を取り入れて授業が変わり、それによって少しでも生徒が授業を理解できるようになれば、それだけでも大きな成果であると考える。この１年半で作成した指導案は100を超えてきた。本校の全ての教員の授業が変わったといえるところまでは進んでいないかもしれない。しかし、マトリックスで示した授業改善の視点は、変容しづらかった授業を少しずつ変えはじめていると実感している。さらにキャリア教育の意義を浸透させ、教育の質を高める努力を続けなくてはならないとの思いを抱いている。

補助資料①／英語科指導案抜粋

平成２５年度校内研修会・荒川区授業力向上プロジェクト事業
英語科学習指導案（抜粋）

日　時：平成２５年６月１４日(金)
１３:４０-１４：３０
学　級：荒川区立諏訪台中学校１年A組
授業者：
ALT: Ms Zizi Amin, Mr. Jasen Hines

１ 教　材　NEW CROWN English Series Book 1（三省堂）

単元名　Lesson　3　I Like *Kendama*

２ 単元の目標

○ 好きなことの紹介の仕方を知る。
○ have/ like/ play などを理解し、使う。
○ 好きなものや好きなことについて説明する。

３　キャリア教育の観点

「人間関係形成・社会形成能力」は「多様な他者の考えや立場を理解し、相手の意見を聞いて自分の考えを正確に伝えることができるとともに、自分の置かれている状況を受け止め、役割を果たしつつ他者と協力・協働して社会に参画し、今後の社会を積極的に形成することが出来る力である」と定義されている。英語の授業では、コミュニケーション・スキル、チームワーク、リーダーシップ等の育成を意識して指導している。

グループ ／ 基礎的・汎用的能力	人間関係形成能力（協議型授業） A	ＩＣＴ機器活用授業（電子黒板・タブレット活用授業） B	学校図書館活用授業（学校図書館活用授業） C	外部人材活用授業（教科、キャリア専門家） D
人間関係形成・社会形成能力 ア	○ 相談、発表活動			○ ALT
自己理解・自己管理能力 イ	○ 発表活動		○ 資料選定	
課題対応能力 ウ	○ 発表活動	○ ICT機器での例示	○ 発表活動	
キャリアプランニング能力 エ				

「基礎的・汎用的能力」の育成に特に関連する外国語(英語)科の指導内容　**※『キャリア教育の手引き』より**

言語活動としての話題	人間関係形成・社会形成能力	自己理解・自己管理能力	課題対応能力	キャリアプランニング能力
自分の気持ちや身の回りの出来事などの中から、簡単な表現を用いてコミュニケーションを図れるような話題を取り上げる。	〈聞くこと〉 ※まとまりのある英語を聞いて、概要や要点を適切に聞き取ること。 〈話すこと〉 ・聞いたり読んだりしたことなどについて、問答したり意見を述べ合ったりすること。	〈聞くこと〉 ・質問や依頼などを聞いて適切に応じること。 〈読むこと〉 ・伝言や手紙などの文章から書き手の意向を理解し、適切に応じること。	〈話すこと〉 ※与えられたテーマについて簡単なスピーチをすること。 ・つなぎ言葉を用いるなど工夫をいろいろして、話を続けること。	〈読むこと〉 ・書かれた内容や考え方などをとらえること。 〈書くこと〉 ・感想、賛否やその理由を書いたりすること。 ※聞いたり読んだりしたことなどについて、自分の考えや気持ちを書くこと。

4 評価規準

ア コミュニケーションへの関心・意欲・態度	イ 外国語表現の能力	ウ 外国語理解の能力	エ 言語や文化についての知識・理解
① 相槌をうったり、メモを取ったりするなど、相手の話に関心を持って聞いている。【聞くこと】 ② 聞き手が理解しやすくなるように工夫して話している。【話すこと】 ③ 積極的に音読している。【読むこと】 ④ 間違いを恐れず積極的に書いている。【書くこと】	① 語句や表現、文法事項などの知識を活用して正しく話すことができる。【話すこと】 ② 本文の内容に関して自分の言葉で表現できる。【話すこと】 ③ 意味内容にふさわしく音読することができる。【読むこと】 ④ 内容的にまとまりのある文章を書くことができる。【書くこと】	① 一般動詞の使い方を身につけ発表される英語の内容を正しく聞き取ることができる。【聞くこと】 ② 発表する英文を読み取りができる。【読むこと】	① 基本的な強勢やイントネーションなどの違いを理解している。【聞くこと】 ② 話を続けるために必要なつなぎ言葉や相槌をうつ表現などを知っている。【話すこと】 ③ 一般動詞を用いた英文を読み取ることができる。【読むこと】 ④ 正しい語順や語法で文を構成する知識を身につけている。【書くこと】

5 教材

教科書本文では、健がけん玉を紹介したり、久美が剣道を紹介するなど、自分が興味を持っていることを他人へ英語で紹介している。剣道の部活を例にとり、中学1年生の部活動が軌道に乗り始めたこの時期に適した題材で本文が構成されている。文法事項としては、一般動詞の肯定文、否定文、疑問文を扱う。導入される一般動詞は like, have, play, know, use, practice, 等である。

6 本時

(1)本時のねらい

・暗唱できる英文を増やし、自己表現につなげる。
・学習した英文を使って、学校図書室で選んだ自分の好きな本を紹介する。
・グループで協力して発表の準備に取り組むことができる。

(2) 本時の展開

	学習内容	生徒の活動	指導と評価の留意点等（キャリア教育の視点）	
導入 (5)	ウォーミングアップ あいさつ 月々の暗唱 パワートーキング	 あいさつする 暗唱する ペアワーク	(アーA) あいさつ、天候、時間、曜日、日付 暗唱 On rainy days and in the evenings, read the books of great men.	ALT
復習 (10)	前時の復習 p.41 We're Talking③ 通し読み リピート読み 意味読み 役割読み	 聞く 音読する 音読する 音読する	ALT (アーD) 電子黒板を利用して本文の読みを行う デジタル教科書の音源を聞く あとにつけてリピートする 日本語のあと、英語でリピートする	ALT デジタル教科書
展開 (30)	自分の好きな本の紹介 ・例を示す	 グループごとに発表の準備をする 各自が発表する	ALTによる例示 "Brown Bear, Brown Bear, What do you see?" ALTの先生が司会する (ウーA) (ウーB)	学校図書館 ALT デジタル教科書
まとめ (5)	ALTによる評価		ALTの先生からアドバイス・コメントをもらう (アーD)	ALT

【仮説】

1　協議型授業を行うと、生徒の自主性が伸びる。それにより積極的にコミュニケーションを図ろうとする態度を育成できる。

2　ＩＣＴ機器を活用すると、学習への意欲が高まる。モニターを見ることにより、授業中に顔を上げる場面が増える。

3　学校図書館を利用することより、読書への意欲が高まり、語学への興味が深まる。

4　ＡＬＴの先生と個人的に会話する機会を多くもつことで、積極的にコミュニケーションを図ろうとする態度を育成できる。

5　授業を細分化することで、集中力を持続させ、意欲的に授業に取り組むことができる。

※本時は「暗唱」「ペアワーク」「教科書本文」「班活動」「発表」「講評」等に細分化している

【検証】

【本の紹介の手順】（　　）は所要時間

時	内容	活動
第1時	一般動詞の学習	likeなどの一般動詞を学習する。
第2時	一般動詞の学習	自分の好きな色など、自己表現活動をする。
第3時	予告(1分)	「次回自分の好きな本を持ってくること」を指示する。
第4時	本の紹介の仕方の説明(5分)	3つの英文で本を紹介する方法を練習し、1〜2名模範で行う。
第5時	本の紹介の発表(5分)	10名程度、実物投影機を使用して発表する。
第6時	本の紹介の発表(5分)	20名程度、実物投影機を使用して発表する。
第7時	図書室で本を選ぶ(15分)	図書室の本を選び、6つの英文で紹介する文を考える。
第8時	発表原稿作成(10分)	班で相談し6つの英文で紹介する文を完成する。ＡＬＴにチェックしてもらう。
第9時	発表原稿作成(10分)	ＡＬＴがチェックした原稿を書き直し、練習する。
第10時	発表原稿清書(20分)	原稿を清書し暗記する。
第11時	本時	

学校図書館でALTの先生に説明しながら本を選んでいる

紹介する「私の好きな本」を探す生徒

◆◆◆◆◆◆◆◆◆◆◆◆◆◆◆◆◆◆◆◆◆

補助資料②／体育指導案抜粋

◆◆◆◆◆◆◆◆◆◆◆◆◆◆◆◆◆◆◆◆◆

平成２５年度　　体育科指導案（協議型授業・タブレット活用授業）

日　時：平成２６年1月１５日（水）１４：４５〜１５：３５
対　象：荒川区立諏訪台中学校
２年Ｃ、Ｄ組女子３８名
授業者：

1　単元名　　ダンス
「現代的なリズムのダンス」

2　単元目標
・簡単な動きを工夫したり、まとまりのある動きを工夫して、仲間とリズムに乗って楽しく踊ることができる。また、互いの動きとリズムのよさを見分けることができる。
・互いの違いやよさを認め合い、協力して工夫したり、練習したりすることができる。
・グループの課題や自己の能力に適した課題をもち、工夫して練習したり、交流の仕方を工夫したりすることができる。

3　本時におけるキャリア教育の観点
自分の演技やグループでの演技を、動画を通して客観的に分析し、課題を把握・解決することを目指す（課題対応能力）。自分の課題を話し合い（人間関係形成・社会形成能力）や動画を通じて、把握し工夫して練習することを学ぶ（自己理解・自己管理能力）。また、仲間と協力してグループの課題を解決していくことを学ぶ（人間関係形成・社会形成能力）。

4　「基礎的・汎用的能力」の育成に特に関連する体育科の指導内容　※『キャリア教育の手引き』より

グループ ／ 基礎的・汎用的能力	①人間関係形成能力型授業（協議型授業）Ⅰ	② ＩＣＴ機器活用授業（電子黒板・タブレット活用授業）Ⅱ	③ 学校図書館活用授業（学校図書館、書籍活用授業）Ⅲ	④ 外部人材活用授業（教科、キャリア専門家）Ⅳ
A．人間関係形成・社会形成能力	○ 話し合い、発表活動			
B．自己理解・自己管理能力	○ 発表活動	○ タブレットＰＣ		
C．課題対応能力	○ 発表活動	○ タブレットＰＣ		
D．キャリアプランニング能力				

分野／能力	人間関係形成・社会形成能力	自己理解・自己管理能力	課題対応能力	キャリアプランニング能力
体育分野	・審判の判定や勝敗の結果を受け止め、ルールやマナーを守る事や自分のことだけでなく共に学ぶ仲間に対して必要な支援をすることに積極的な意思をもつ。 ※話し合いなどでグループの学習課題についての意思決定をする際に、相手の感情に配慮して発言したり、仲間の意見に同意したりしてグループの意思決定に参画する。	・運動を通して、人の体や心の状態には個人差があることを把握する。 ・自己の体調の変化に気を配ったり、用具や場所の安全に留意したりする。 ・自己の体調の変化に応じ、段階的に運動したり、用具や場所の安全を確認したりする。 ・健康や安全を確保する為に、体調に応じて適切な練習方法を選ぶ。	※自己の課題に応じて学習する技の合理的な動き方について改善すべきポイントを見付ける。 ・自己の課題に応じて適切な練習方法を選ぶ。 ・提供された作戦や戦術から、自己のチームや相手チームの特徴を踏まえた作戦や戦術を選ぶ。 ※仲間に対して、技術的な課題や有効な練習方法の選択について指摘する。	・様々な運動において実生活で継続しやすい運動例を選ぶ。 ・運動を継続して楽しむための自己に適したかかわり方を見つける。

※本時に関連のある項目

5　評価規準

ア　運動への関心・意欲・態度	イ　運動についての思考・判断	ウ　運動の技能	エ　運動についての知識・理解
①ダンスに積極的に取り組むとともに，互いのよさを認め合おうとする。 ②健康，安全に気を配ることができる。	①課題に応じた運動の取り組み方を工夫できるようにする。	①踊り方の特徴をとらえ，音楽に合わせて特徴的なステップや動きができる。 ②力強く全身で踊ることができる。	①ダンスの特性を理解している。 ②ダンスを行うために必要なストレッチを理解している。

6　ＩＣＴ使用機器　　　タブレットＰＣ

7　単元（跳び箱運動）の指導計画（７時間扱い）

時	学　習　活　動
1	オリエンテーション ・必要なストレッチの学習　　・グループ分け（４つ） ・ステップ練習
2	・ステップ練習（つづき） ・音楽との合わせ練習 ・グループ活動（タブレットＰＣ使用）
3（本時）～5	グループ活動 ・演技練習（各班ラジカセ使用、タブレットＰＣ活用） ・話し合い活動（タブレットＰＣ活用、課題発見→目標設定→練習）
6～7	演技発表、試験

8　本時

（1）　本時のねらい

グループで協力し合い、踊ることの楽しさを実感する。その際、タブレットＰＣを利用し、客観的な自分の踊りや全体の踊りを分析し、技術の向上を目指す。また、恥ずかしがらずに思い切り体を動かす。

（2）　本時の展開

	学習内容	指導と評価の留意点		キャリア教育の観点
導入 5分	・準備運動 （補強運動・ストレッチ）	・体育委員を中心とした自主的な活動	ア②エ②	ＩＡＢ
	・あいさつ	・服装、表情など、観察による安全確認	ア②	ＩＣ
	・本時のねらいの確認	・ねらいを明確にし、学習意欲を高める	イ① ア①	ＩＢ
展開 35分	・ウォーミングアップ	・8844221111のリズムに乗って踊る	ア①ウ①	ＩＡ
	・ステップ確認（全体）	・正しい技能の習得	ウ①②	ＩＢ・ⅣＡＢ
	・グループ練習 （ステップの復習・ダンスの創作）	・課題をもっての取り組み	イ①②エ①	ＩＣ
	・試技の撮影（一斉）	・タブレットＰＣの活用	ア③イ①	ＩＣ
	・話し合い活動（一斉）	・友人への助言や励ましといった関わり	ア③	ＩＡ
まとめ 10分	・振り返り	・聞く姿勢	ア②イ①	ＩＡＢＣ
		・学習カード記入	ア①イ①	ＩＢ

ICT活用能力を育成するタブレットパソコンの導入

これまでの教育はどちらかというと知識詰め込み型教育で、指導教員が知識や考え方を教えたり、伝えたりすることに主眼が置かれていた。しかし、激変する現代社会では、21世紀型スキルの育成が強く求められている。このスキルの中にはコミュニケーション能力や問題解決能力、協働で作業する能力、そしてICT活用能力等がある。中でも急速に発達を続けるICT技術を受けて高いスキルが求められる時代となった。情報化社会の中で力強く生き抜く力の基礎として、小中学校の義務教育段階からICT活用能力を身に付けさせることが急務である。

本校では、早期にタブレットPCを活用し、教科授業の中でキャリア教育の基礎的・汎用的能力の育成を図ってきたことは前項で示したところである。今後、全国の小中学校で加速度的にタブレットPC導入が広がりを見せていくことが想定されている。ここではタブレットPCが導入され、どのように授業活用へと進んでいったのかの事例を示し、今後、各学校での導入期の参考にしていただければ幸いと考えている。

荒川区では平成26年度に全小中学校の児童生徒にひとり一台のタブレットPCの配置が完了した（一部を除く）。その１年前である平成25年度に本校がタブレット先進導入校としての指定を受け、全国に先駆けて生徒ひとり一台のタブレットPCが導入され、加速度的に授業活用へと進んでいった。各地でのタブレットPC導入を見据え、本校で取り組んできた１年間の様子をお伝えしたい。

荒川区では平成21年度にICT施策として全教室に電子黒板が整備され、それ以来、写真や動画を効果的に使った授業展開が進められてきた。そして今回、タブレットPCが導入され、授業の質が大きく変わり始めたのである。また、国際学力テストであるPISAは、将来的にコンピュータ使用型調査に移行することが決まっている。今後、ICT機器を使えなければ国際学力テストにも参加できないことにもなる。21世紀型スキルの育成は今まさにスピード感が求められているのである。早い段階で導入された本校では当初手探りの状態が続いたが、教職員一丸となってアイデアを出し合い、授業での早期の活用へと結びつけていった。

平成25年度の７月にタブレットPCが搬入され、夏休みには教職員向けの講習会を開き、10月には授業活用できる状態へと進んでいった。導入にあたってのトラブルや、デバイス・ソフトの使い方についての戸惑いは多少あったものの、教員や生徒双方が予想をはるかに超えるスピードで授業導入へと進んでいった。現在では９教科全てで活用する機会が多くなった。

１．タブレットPC導入でどのように授業が変わったか

タブレットPCを使った授業に対し、教員や保護者の中には「子どもたちは手を動かさなくなったり、考えなくなったりしてしまうのではないか」「生徒が受け身となる授業が増加するのではないか」という懸念もあった。しかし、実際に使い出してみるとこれまで「作業」に時間が取られていた部分が短縮され、授業のより本質的な部分に時間を費やすことが可能となった。

例えば、電流の強さが電圧に比例するいわゆる「オームの法則」を学ぶ理科の実験でその成果を発揮する。各班で電流と電圧の関係を表計算ソフトでグラフ化し、できた順に電子黒板にグラフ化を映し出して結果を発表する。実験を始めてから６班全ての発表を終えるまでにかかった時間はわずか10分。もし、これまでのようにタブレットを使わずにグラフを手書きしていたら、表やグラフを書く時間だけで、かなりの時間を要していたはずである。ところが、ICTを活用することにより、より多くの時間を「考える時間」「課題を協議する時間」等、知識活用のための時間として使えるようになったのである。また、ドリルのような問題演習に取り組ませる際にも「基礎問題」「応用問題」の教材がインストールされていれば、プリントをあらかじめ用意したり、プリントを配布したりするなどの時間も減らすことができる。タブレットPCの導入とともにこれまでの授業の構成を変えていくことで、より教育の本質的な話し合い活動や課題対応能力を育成する場面設定が可能となる。

ここで強調しておきたいのは、キャリア教育推進の視点で授業を変えようとする場面で、道具としてのタブレットPCを効率良く使いこなすことが、課題対応能力や人間関係形成能力の育成に効果を発揮していくということである。

（ドリルコンテンツによる補習風景）

2. タブレットPCを導入してよかったと感じること

全体的に言えることは、多くの生徒が授業進行の中で興味・関心を示し集中力を高めていることである。実際にほとんどの生徒が授業の中でタブレットPCを活用する時間を楽しみにしている。タブレットPCを導入することのメリットはいくつも体感している。

ひとつは、授業中に「一度で理解できなかったこと」を確認できるようになったことであろう。一人ひとりの理解の度合いに応じてタブレットPCで確認できるというのがメリットである。例えば、数学の授業で「角の二等分線の書き方」を指導する際、これまでは指導教員が黒板で見本を示し、次に生徒はそれに習って各自で書いてみるというのが一般的な指導方法であった。

この方法ではポイントを聞き逃したり、一度で理解できなかった生徒は、授業についていけなくなったりということもあった。当然、これまでも教え方の工夫を凝らしたり、机間巡視して個別にフォローしたりしていた訳だが、やはり限界がある。これに対し、教員が自分でお手本となる動画を撮影し、それをタブレットPCに配信することで授業形態が大きく変わった。生徒は動画で先生のお手本を何度でも確認しながら書き方を習得できるようになる。教室の机は作業が始まるとノートとタブレットPCが並べて置かれ、生徒は動画を何回も繰り返し見て確認をしていく。その間、これまで以上に教員による個別指導も平行して行われる。これまでの授業を1系統と表現するとすれば、これは2系統と表現できるかもしれない。これまでの授業の形態を大きく変える要素がタブレットPCにはある。

もうひとつのメリットは生徒の授業への参加意欲が高まったこと、これまで意欲はあっても十分に参加できなかった生徒に新たな参加の「手段」がつくれたことである。例えば、生徒に意見を聞くとき、それぞれのタブレットPCに自分の意見を記入してもらい、教員はモニターで全員の書き込みをチェックしながらクイズ番組のように全員の回答を電子黒板に映し出す。「これは」と思う意見や考え方を全員のPCに送り、生徒にその考え方に至った経緯を説明してもらうという方法も可能となる。挙手して発言させることもひとつの方法だが、普段は目立たないけれど良い意見を持っている生徒を前面に出すことが可能となる。これまで目立たなかった生徒が自信をもち、堂々と人前で発表する力を身に付ける機会を提供することにもなる。また、多くの意見を共有することも簡単にできるようになるのである。このような授業を体験したとき、これまでの授業方法から多種多様な授業手法が可能であることを実感した。

前項で示したように、保健体育の授業でもこれまでなかった動画の撮影で技術向上に向けて協議させる手法があるが、そのほかマット運動や走り高跳びの授業で、成功した画像と失敗した画像を並べ、比較する機能でより詳しく課題を探り出し、協議しながら改善策を見つけ出す指導にも活用している。

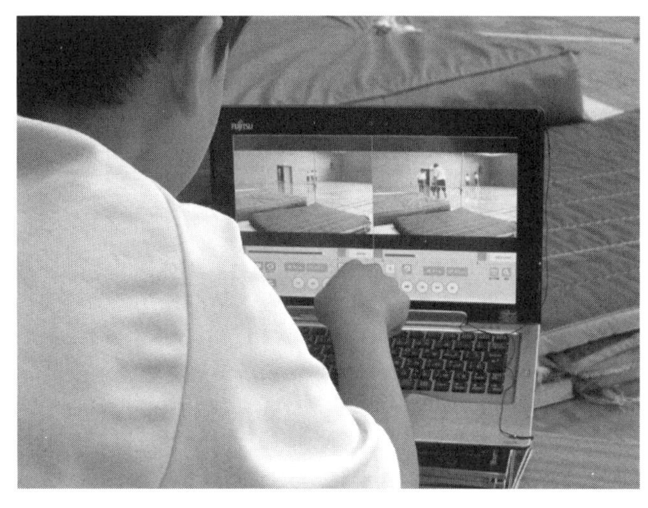

英語の授業でもたくさんの機能を活用できるが、特に導入時に目を引いたのは、課題に応じたプレゼンテーションを作成させる際、これまでは単語のスペルに自信がない生徒はどちらかというと慎重になり、なかなか前に進まない状況があった。ところが、単語を多少間違えたとしてもスペルチェック機能が働き、間違いを指摘してくれることから、生徒は失敗を恐れず堂々と作成し、発表する様子が見られるようになったことである。今後、全ての教科においてタブレットPCを活用した授業改善、工夫の手法は無限大であると導入1年目を終え、強く感じている。

【電子黒板で考え方を共有する】

【画像を確認しながら進める理科実験】

3．今後、一層タブレットPCを活用する上での課題

タブレットPCを導入して約1年が経過したが、その活用が授業改善に大きな効果があることは明確になったと考えている。今後も各教科での活用方法については、加速度的に広がりを見せるものと思う。この1年、導入を検討している全国の教育委員会、議員、教育関係者、地域の方々等、多数の視察が殺到した。開始当初はこれまでの読み書きやノート作成はなくなってしまうのかという質問が相次いだが、授業を見せながらタブレットPCが必要に応じて使用されている様子や効率の良い授業展開を参観しながら、これまでの重要なことは当然変わらずに指導するということを確認してもらった。

今後、全国各地でタブレットPCの導入が進められていくことが予想されるが、重要なことは、これは一時の「流行りもの」ではないということである。確かに21世型能力の大きな力であるICT活用能力を育成するという点では極めて効果が高いものであることは間違いない。しかし、全てがタブレットPCを使用した授業になる必要はなく、ひとつのツールにすぎないということを忘れてはならない。つまり「タブレットPCを授業で使う」ことを目的にするのではなく、あくまでも「タブレットPCをツールとして使う」と考えなくてはならない。

今後考えられる課題は大きくふたつあると考える。ひとつは、タブレットPCを「何のために」使うのかという視点が必要である。タブレットPCをはじめとするICT機器の活用は、現行学習指導要領でキーワードとなっている「思考力・判断力・表現力」を身に付けさせることや「言語活動」を行う際に有効なツールになり得る一方で、ドリル学習機能を活用して基礎・基本を徹底させる際にも有効であるものだと感じている。このように「いかようにでも活用できるもの」であるからこそ、授業で導入する際は、教員がその位置づけを明確にする必要がある。前項でも示したが、タブレットPCを使うことで授業が変わるのではなく、それを活用することでどのような能力を育成するのかという視点がしっかりと押さえられてこそ、授業が変わっていく。あくまでも使うことが目的ではないのである。

もうひとつは、従来のような黒板や教科書、紙、鉛筆が中心の「アナログ」の時間と、タブレットPCや電子黒板等を使用した「デジタル」の時間を、きちんとバランスよく取っていくことが重要である。小学校や中学校でよく行われる「調べ学習」も、タブレットPCを活用してインターネット検索を使い、目的の情報に効率よくアクセスする過程は極めて重要である。一方で、これまで述べてきたように学校図書館を整備し、学習センター化・情報センター化することで、たくさんの書籍を読み込みながら自分に必要な情報を見つけ出す過程も、また重要な能力である。タブレットPCの活用を推進するには、学校図書館の活用と並行したものでなくてはならない。まさに社会人として求められる情報収集力や活用力は、タブレットPCを用いた教室の授業と、学校図書館の活用授業の双方から育成されていく。

学校経営者の立場で言えば、教育品質第一の質の高い教育提供のため、このふたつが両輪となって発展しなければならないと強く感じる。どちらか片方だけではだめなのである。革新性や恩恵にばかり目を向けるのではなく、身に付けさせたい能力に対してはどのような教材・アプローチが適切かという観点で授業改善していくことが求められる。

【実践の概要】２年生体育　動画の活用　跳び箱運動

跳び箱運動の動作を、タブレットＰＣの動画機能を活用して話し合い活動をして、課題発見⇒目標設定⇒練習を行う。また、試技の撮影をして友達への助言や励ましなどの関わりを持ちながら授業を進める。

【使用したソフトウエア】
デジタルスクールノート

【作業の手順】
① 準備運動
② 本時の狙いをタブレットＰＣで確認
③ 模範演技をタブレットＰＣで確認
④ 班練習
⑤ 跳び箱の試技を撮影・タブレットＰＣで確認
⑥ 話し合い活動
⑦ 再度跳び箱の試技を行い自分の動きを確認
⑧ 振り返り

【実践の概要】２年生美術　　比べる鑑賞　モナリザ・役者絵

「モチーフ」と「構図」に注目して、日本と西洋の肖像画を比較、分析しながら作品をよく見る力を養う活動。写楽の役者絵と、ダ・ヴィンチのモナリザの絵をタブレットＰＣの拡大・縮小機能を使用して比較鑑賞した。

【使用したソフトウエア】パワーポイント
【作業の手順】
① 本時の流れを説明する。
② タブレットＰＣを立ち上げ、パワーポイントに貼り付けてある資料を起動する。
③ 「モチーフ」と「構図」の言葉を理解する。
④ ペアで、意見を出しながら比較鑑賞する。
⑤ ワークシートに気づいたことを記録しまとめる。

【実践の概要】１年生英語　自己表現 My Friend

New Crown（三省堂）Lesson 6 の Mini-project「友達の紹介をしよう」
タブレットＰＣを利用して行う自己表現活動。ワープロソフト・Word を使用することでスペルチェックとグラマチェックの機能を活用し、英文のミスを生徒が自分で気づきながら英作文をした。

【使用したソフトウエア】
Active School　Word　Digital School Note

【作業の手順】
① 生徒機、指導機を立ち上げ Active School でつなぐ。
② 「配布」の機能で、ワードで作成したワークシートを配布する。
③ 各自英作文する。
④ Digital School Note で友達の写真を撮影し、ワードに張り付ける。
⑤ 出来上がった作品を電子黒板で発表する。
⑥ 作品を上書き保存し「回収」する。
シャットダウンし保管庫にＰＣをしまう。

【実践の概要】１年生英語　英作文　世界で一番

教科書 New Crown（三省堂）Lesson 7 では比較級、最上級の比較表現を学習する。タブレットＰＣを利用して、ギネスブックのホームページで、世界で一番のものを探して友達に紹介する英作文をする活動。

【使用したソフトウエア】
ワード：インターネットエクスプローラー

【作業の手順】
① ワードを立ち上げる。
② インターネットエクスプローラーでギネスのホームページにつなぐ。
③ 世界一のものを探す。
④ 写真をワードに張り付け、説明する英文を、最上級を用いて作る。
⑤ 作成した英文を電子黒板を利用して、友達に紹介する。
⑥ Digital School Note で友達の写真を撮影し、ワードに張り付ける。
⑦ 出来上がった作品を電子黒板で発表する。
⑧ 作品を上書き保存し「回収」する。

第７章

学校図書館活用編

キャリア教育の視点で行う学校図書館改革

一般に、これまで「多くの学校図書館は50年間眠り続けていた」と表現されることがある。確かに本の貸し出し、返却という形では何十年も利用されてきたが、授業での活用や、調べ学習という視点ではあまり活用されてこなかったことは事実で、眠り続けていたと表現されても仕方がないのかもしれない。

また、キャリア教育推進の視点でいえば、学校図書館の学習センター化、情報センター化に向けた取り組みは学校全体のキャリア教育推進という意味でも大きな役割を果たす。本校では生徒ひとり一台のタブレットパソコンが導入され、授業活用が進んでおり、インターネットによる検索等、ICT活用の教育手法は格段の進歩を見せている。このICTを使いこなす能力の育成は極めて重要であり、必要なキーワードを打ち込んで、そのことに関する情報の中から必要なものを選択する手法は、社会人として身に付けておかなくてはならない能力といえる。一方で、学校図書館を活用してたくさんの書籍を選択し、読み込みながら必要とする情報を探り出すプロセスもまた、極めて重要な能力である。キャリア教育の推進という視点で考えると、ICT機器活用と学校図書館の活用は常に車の両輪として進めていかなくてはならないものである。

次にキャリア教育推進を基盤とした、校長として学校図書館改革に着手した平成18年度から今日に至る状況を示したい。

1．校長1校目で取り組んだ学校図書館改革（平成18年度～22年度までの軌跡）

①校長としての学校図書館改革

学校図書館の改革を進めるキャッチフレーズは「学校図書館を教育の中心へ（インフォメーション・パワーが保護者・教員・生徒を動かす）」である。荒川区には34校の小中学校がある。平成18年に約１億6000万円を全小中学校の学校図書館の図書購入費に充て、平成19年度は学校図書館指導員を全校に配置した。このような環境の中、学校図書館を活用した取り組みを確実に実践へと移していった。学校図書館改革に取り組んだ、平成22年度当初の具体策は次のようなものである。

校長として着任後すぐに取り組んだ学校図書館改革であるが、これまでどちらかというと単なる書籍の貸し出しのみに使われていた学校図書館が、学習センターとしての機能を発揮させることはそれほど容易ではなく、様々な「しかけ」を実践しながら進めていった。ただ「活用せよ」というかけ声だけで学校組織はそう簡単に動き出すものではないからである。

②学校図書館改革の方向性を学校経営者として明確に示す手法

学校組織を構成する教職員が意識を変え、学校全体の教育の質を大きく変えることはそう簡単なことではない。私は常に学校経営方針が大きな役割を果たすものと考えている。学校経営者である校長が経営指針を明確に、できれば具体的表現で教職員に示すことが必要であるし、学校を組織する教職員は成功体験がないとなかなか前に踏み出せない。新しいものを取り入れようとすることを嫌う傾向が強い集団である。そのようなことを踏まえ、具体的な実践へと歩み始めた。

③校長として学校経営方針に示した具体的な考え方
（学校図書館を学習センター化・情報センター化へ位置づけた動機や思い）

1．全教育活動でキャリア教育を推進するという学校経営方針に基づいて、学校図書館を活用することで社会人として必要な情報収集力、分析力を養う場所こそ学校図書館である。
2．平成18年度から、大きく動き出した「学校図書館改革」という区の重大施策を積極的に導入することで予算等を含め、学校図書館改革を加速させる時期としては極めて適時と捉えた。
3．言語能力の育成（新学習指導要領のねらい）を推進するため学校図書館活用は不可欠である。
4．施設稼働率を上げるという学校経営の視点から考えると、施設予算の有効活用という視点では学校図書館の使用頻度、活用状況は極めて低いと判断した。

一般に、これまでの学校経営方針では具体的な数値目標を示すことが少ないと思われるが、私は学校経営方針にこそ具体的な数値を明記すべきだと考えている。とかく、全力を尽くしたのだから良しとして、改善に向けた具体策が出せずに前年踏襲が繰り返される傾向が強い。具体的な数値をどう設定するのかについては、当然ながら校長の独断ではなく、学校司書、司書教諭、学校図書館関係職員と綿密な打ち合わせを行い、その上で期待する達成値を教職員に示す。数値を示すことは、これまであまり学校という組織では行われなかったと認識している。例え数値目標が設定できなかったにせよ、何が原因で、どう改善すればクリアできるのかを議論するプロセスこそが重要で、学校全体の組織推進力を高めていくことになると考えたのである。なお、この数値目標は学校図書館改革のみにとどまらず、様々な部分にも示している。このことは別の項目でもご理解いただけるものと思う。

また、単に形式的に学校図書館を活用することのみを強調するのではなく、キャリア教育の視点で、社会に出る若者が社会人としてどのような力が欠けているのか、学校として育てたい生徒像といかに関連づけられているのかを理解させることが極めて重要となる。その上で数値目標の実現を目指し、具体策を実践させる。

本校においても平成18年度に新しい校長を迎えるまで、学校図書館を授業で活用するということは個人レベルに任され、決して利用率が高かった訳ではない。初年度に示した数値目標は、全ての教科で学期に１回、図書館授業を実施するというものであった。当然ながら高圧的に強制したものでなく、むしろ試すことで使い心地を聞いてみたいという軽い依頼から始まった。学期に１回という目標値達成のために、半ば義務的に授業を行う教科が出てきたことも否定しないが、例えば保健体育という教科では、保健分野の授業を学校図書館で調べ学習と共に実施したところ、授業の構成上、書籍を活用するという体験が思いのほか生徒の集中力を高めるなど、予想以上に授業を進めることができたのである。結局この年の１学期だけで、全学年の各学級で保健の授業が行われることとなった。学期に１回という数値目標は、いとも簡単にクリアされたのである。

これは着任以来、少しずつ変更を加えながら示した学校経営方針の一部分である。

【学校経営方針の柱の一部】（平成２２年度のもの）
・学校図書館の学習センター化を一層促進する。
【学校経営方針の重点項目】
・学校図書館の学習センター化を一層進め、図書館指導員とのコラボレーション授業や電子黒板との融合による授業を多面的に展開する。また、区立図書館の団体貸し出しの利用、ボランティアによる開館時間の拡大、読み聞かせ等を一層充実させる。
【重点項目の数値目標】
①図書館利用生徒数を年間累積１２，０００人以上、貸し出し冊数を累積１，８００冊以上、図書館開館日を年間２２０日以上を目指す。学校司書とのコラボ授業を全教科で実施する。
②学期に１回以上、全教科で図書館授業を実施する。

④学校図書館を機能させた具体策

１．教職員をその気にさせるしかけ

荒川区の施策として書籍の充実については短期間で行われ、全国平均の図書蔵書率をはるかに上回る140％にも及んだ。しかし、学校図書館に書籍がそろう環境が出来上がったとしても、そのことが即、学校図書館を活性化させることへつながるものではない。学校経営方針に示した数値目標と共に、魅力的な学校図書館にするためには意図的・計画的な「しかけ」が何より必要となる。

次ページの図は、私が平成18年度に着任してからの学校図書館に係る全体の流れである。すでに前年度末に学校図書館の図書購入費が予算化されており、購入部分からのスタートとなった。図にもあるが、教職員全員で校内研修を兼ねてブックセンターを訪問し、教科指導に必要な書籍の選書を行った。教職員に授業で使用することを前提としての選書会であるというフレーズを何度も事前

に使用した。すでに「しかけ」が始まっていたともいえる。選書しながら教科指導のどの場面で、どのように使用するかという思考は、学期に１回の図書館活用授業でインプットされていったのかもしれない。この選書を機に学校図書館授業が始まったのである。

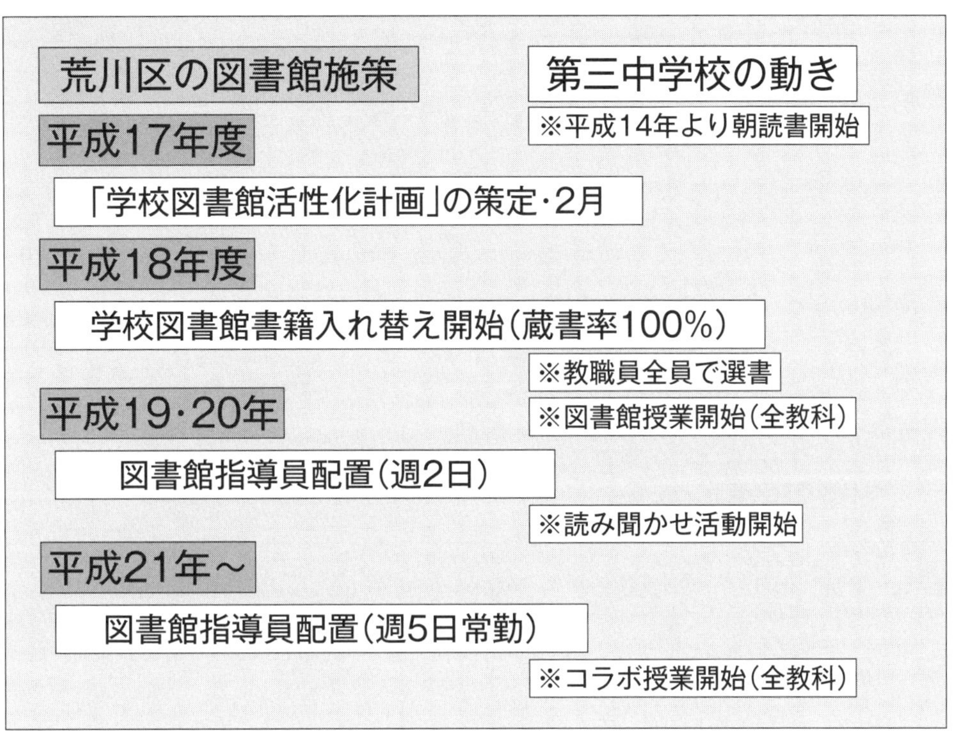

荒川区の図書館施策
第三中学校の動き
※平成14年より朝読書開始
平成17年度
「学校図書館活性化計画」の策定・2月
平成18年度
学校図書館書籍入れ替え開始（蔵書率100%）
※教職員全員で選書
平成19・20年
※図書館授業開始（全教科）
図書館指導員配置（週2日）
※読み聞かせ活動開始
平成21年～
図書館指導員配置（週5日常勤）
※コラボ授業開始（全教科）

２．学校図書館活用を区民、保護者に宣言するしかけ

荒川区では「学校パワーアップ事業」という区独自の施策があり、科目変更可能な自由度の高い予算が配分されることは校長にとって大変魅力的な制度である。一方で区民に向け、予算計画や具体策、実践とその成果を学校ホームページ上で公表しなければならない。ここで、校長として学校経営上の「しかけ」を区民、保護者の皆様に宣言する以上は、結果を残して成果を示さなくてはならず、ある意味、教職員に取り組まなくてはならないという意識が高められる環境をつくり出すことになり、このことは学校組織を変革する際の大きな力となることが多い。そこで、学校としてホームページ上に学校図書館の学習センター化、情報センター化を宣言するのである。

次ページの図は本校のホームページ上に示した「学校パワーアップ事業」の全体構想図である。冒頭にてキャリア教育で教育活動全体を推進することを明言し、「学力向上マニフェスト」項目では学校図書館学習センター化の推進を、「創造力あふれる教育の推進」の項目では学校図書館活用、図書館の学習センター事業、学校図書館指導員とのコラボ授業推進、図書館授業活用、電子黒板との連動の推進等を宣言する。この内容が、年度始めに発表する学校経営方針と数値的にも一致することは当然であるが、区の施策を生かしながらより推進力を増していったことを校長として強調したい部分である。

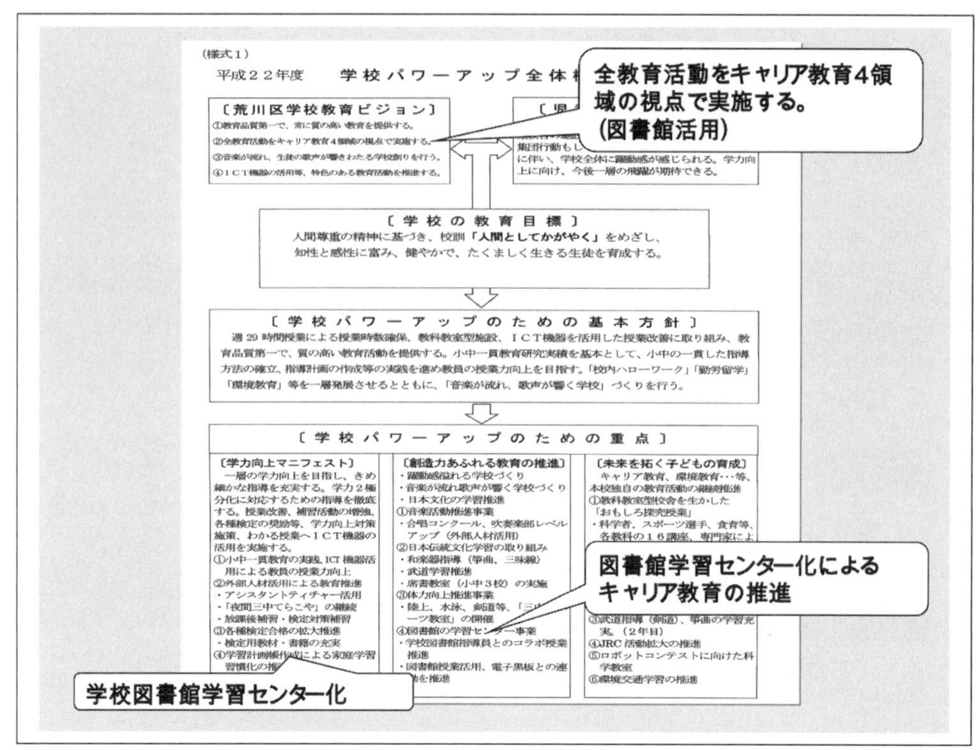
（様式１）
平成２２年度　学校パワーアップ全体

〔荒川区学校教育ビジョン〕
①教育品質第一で、常に質の高い教育を提供する。
②全教育活動をキャリア教育４領域の視点で実施する。
③音楽が流れ、生徒の歌声が響きわたる学校創りを行う。
④ＩＣＴ機器の活用等、特色のある教育活動を推進する。

集団行動もし
に伴い、学校全体に躍動感が感じられる。学力向上に向け、今後一層の飛躍が期待できる。

〔学校の教育目標〕
人間尊重の精神に基づき、校訓「**人間としてかがやく**」をめざし、知性と感性に富み、健やかで、たくましく生きる生徒を育成する。

〔学校パワーアップのための基本方針〕
週29時間授業による授業時数確保、教科教室型施設、ＩＣＴ機器を活用した授業改善に取り組み、教育品質第一で、質の高い教育活動を提供する。小中一貫教育研究実績を基本として、小中の一貫した指導方法の確立、指導計画の作成等の実践を進め教員の授業力向上を目指す。「校内ハローワーク」「勤労留学」「環境教育」等を一層発展させるとともに、「音楽が流れ、歌声が響く学校」づくりを行う。

〔学校パワーアップのための重点〕

〔学力向上マニフェスト〕
一層の学力向上を目指し、きめ細かな指導を充実する。学力２極分化に対応するための指導を徹底する。授業改善、補習活動の増強、各種検定の奨励等、学力向上対策施策、わかる授業へＩＣＴ機器の活用を実施する。
①小中一貫教育の実践、ICT機器活用による教員の授業力向上
②外部人材活用による教育推進
・アシスタントティチャー活用
・「夜間三中てらこや」の継続
・放課後補習・検定対策補習
③各種検定合格の拡大推進
・検定用教材・書籍の充実
④学習計画帳作成による家庭学習習慣化の推

〔創造力あふれる教育の推進〕
・躍動感溢れる学校づくり
・音楽が流れ歌声が響く学校づくり
・日本文化の学習推進
①音楽活動推進事業
・合唱コンクール、吹奏楽部レベルアップ（外部人材活用）
②日本伝統文化学習の取り組み
・和楽器指導（箏曲、三味線）
・武道学習推進
・席書教室（小中３校）の実施
③体力向上推進事業
・陸上、水泳、剣道等、「
ーツ教室」の開催
④図書館の学習セン　事業
・学校図書館指導員とのコラボ授業推進
・図書館授業活用、電子黒板との連を推進

〔未来を拓く子どもの育成〕
キャリア教育、環境教育・・・等、本校独自の教育活動の継続推進
①教科教室型校舎を生かした「おもしろ探究授業」
・科学者、スポーツ選手、食育等、各教科の１６講座、専門家によ
③武道指導（剣道）、箏曲の学習充実。（２年目）
④JRC 活動拡大の推進
⑤ロボットコンテストに向けた科学教室
⑥環境交通学習の推進

また次の図は、平成22年度の学力向上マニフェストに示した学校図書館活用による言語力育成の項目である。当時、年間220日以上の学校図書館開館、書籍貸し出し数を21年度比150％等、数値目標を設定した。当然、学校図書館に関係する職員と十分な検討を加えたものであるが、数値目標を設定することにより、数値が達成できた時には次なる目標へと広がりを見せることにつながるし、数値が達成できなかったとすると何が努力不足であり、今後組織としてどのような工夫・改善ができるのかを検討する機会ともなる。教職員からは、土曜授業公開日にも開館して地域保護者の皆様への書籍貸し出し、授業活用等で積極的に活用すべきという前向きな意見が出されるような意識の変容が見られ始めたのである。

図書館活用による 言語力の育成 図書館の書籍のさらなる充実を図り、授業での活用を推進します。	〔努力目標〕 図書館の充実を一層図り、図書館利用率、図書貸し出し率を上げ言語力向上を目指す。各授業での計画的な活用を実施します。図書館指導員とのコラボ授業を全教科で実施します。 〔成果目標〕 図書館を年間220日以上開館します。図書館利用者数、書籍貸し出し数を21年度比の150％、貸し出し冊数月間100冊以上を目指す。授業での実施状況をホームページで公表します。

【平成22年度　荒川区立第三中学校　学力向上マニフェストより抜粋】

3．授業で活用しやすい学校図書館へのしかけ

平成21年度より、荒川区では他に先駆けて学校司書（当初は学校図書館指導員という名称）が配置された。学校図書館の授業活用を一層進めるため、教科指導の中でどのように学校図書館を生かせるのかを、早速配属された学校司書に校内研修会の講師を依頼し、授業実践で可能な具体策を詳細に示してもらうことから始めた。また、通常ある学校図書館便りは、生徒、保護者への学校図書館に関する情報をお知らせするためのものであるが、それとは別に学校司書が教職員による学校図書館授業を推進するために教職員向けに「職員用学校図書館便り」を発行した。その中には、学年ごとにキャリア教育の視点でどのような能力を育成する必要があるのかなどの考え方をしっかりと示していった。例えば１年生では「メディアリテラシーを身につけよう」、２年生では「クリティカルリーディングを身につけよう」、３年生では「発表の工夫（いろいろなものに挑戦）、自己表現(新聞形式以外)、まとめ工夫」という具合である（次項に参考例掲載）。

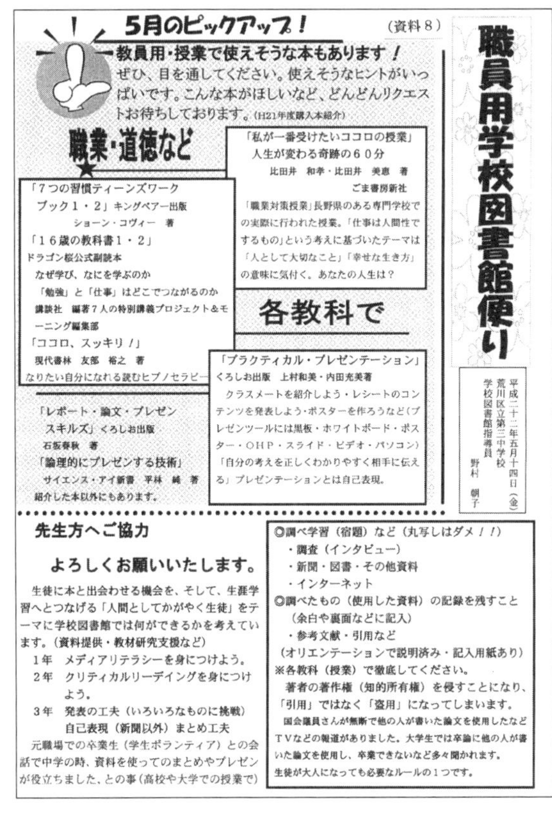

5月のピックアップ！　（資料８）

職員用学校図書館便り

平成二十二年五月十四日（金）
荒川区立第三中学校
学校図書館指導員　野村　朝子

教員用・授業で使えそうな本もあります！
ぜひ、目を通してください。使えそうなヒントがいっぱいです。こんな本がほしいなど、どんどんリクエストお待ちしております。（H21年度購入本紹介）

職業・道徳など

「私が一番受けたいココロの授業」人生が変わる奇跡の６０分
比田井　和孝・比田井　美恵　著
ごま書房新社
「職業対策授業」長野県のある専門学校での実際に行われた授業。「仕事は人間性でするもの」という考えに基づいたテーマは「人として大切なこと」「幸せな生き方」の意味に気付く。あなたの人生は？

「７つの習慣ティーンズワークブック１・２」キングベアー出版
ショーン・コヴィー　著
「１６歳の教科書１・２」
ドラゴン桜公式副読本
なぜ学び、なにを学ぶのか
「勉強」と「仕事」はどこでつながるのか
講談社　編著７人の特別講義プロジェクト＆モーニング編集部
「ココロ、スッキリ！」
現代書林　友部　裕之　著
なりたい自分になれる読むヒプノセラピー

各教科で

「プラクティカル・プレゼンテーション」
くろしお出版　上村和美・内田充美著
クラスメートを紹介しよう・レシートのコンテンツを発表しよう・ポスターを作ろうなど（プレゼンツールには黒板・ホワイトボード・ポスター・ＯＨＰ・スライド・ビデオ・パソコン）「自分の考えを正しくわかりやすく相手に伝える」プレゼンテーションとは自己表現。

「レポート・論文・プレゼンスキルズ」くろしお出版
石坂春秋　著
「論理的にプレゼンする技術」
サイエンス・アイ新書　平林　純　著
紹介した本以外にもあります。

先生方へご協力

よろしくお願いいたします。

生徒に本と出会わせる機会を、そして、生涯学習へとつなげる「人間としてかがやく生徒」をテーマに学校図書館では何ができるかを考えています。（資料提供・教材研究支援など）
１年　メディアリテラシーを身につけよう。
２年　クリティカルリーデイングを身につけよう。
３年　発表の工夫（いろいろなものに挑戦）自己表現（新聞以外）まとめ工夫
元職場での卒業生（学生ボランティア）との会話で中学の時、資料を使ってのまとめやプレゼンが役立ちました、との事（高校や大学での授業で）

◎調べ学習（宿題）など（丸写しはダメ！！）
・調査（インタビュー）
・新聞・図書・その他資料
・インターネット
◎調べたもの（使用した資料）の記録を残すこと
（余白や裏面などに記入）
・参考文献・引用など
（オリエンテーションで説明済み・記入用紙あり）
※各教科（授業）で徹底してください。
著者の著作権（知的所有権）を侵すことになり、「引用」ではなく「盗用」になってしまいます。
国会議員さんが無断で他の人が書いた論文を使用したなどＴＶなどの報道がありました。大学生では卒論に他の人が書いた論文を使用し、卒業できないなど多々聞かれます。
生徒が大人になっても必要なルールの１つです。

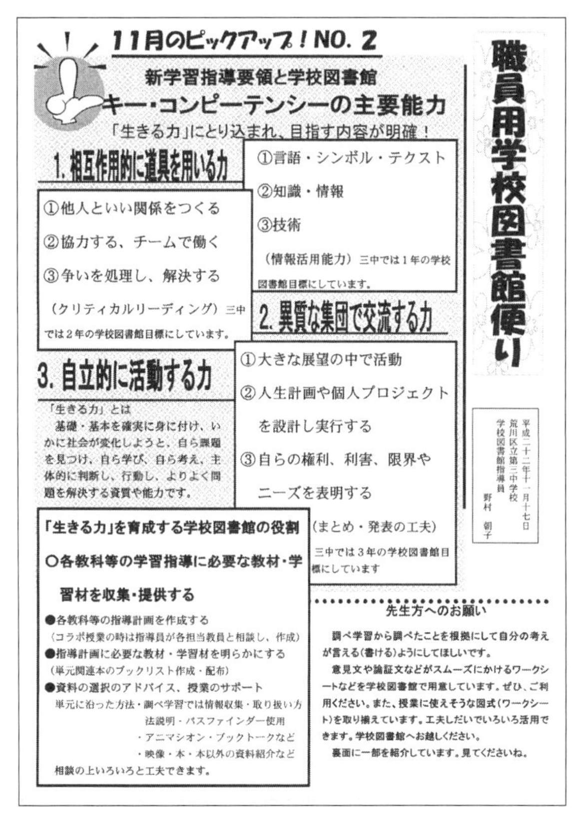

11月のピックアップ！NO. 2

職員用学校図書館便り

平成二十二年十一月十七日
荒川区立第三中学校
学校図書館指導員　野村　朝子

新学習指導要領と学校図書館
キー・コンピーテンシーの主要能力
「生きる力」にとり込まれ、目指す内容が明確！

1. 相互作用的に道具を用いる力
①言語・シンボル・テクスト
②知識・情報
③技術
（情報活用能力）三中では１年の学校図書館目標にしています。

①他人といい関係をつくる
②協力する、チームで働く
③争いを処理し、解決する
（クリティカルリーディング）三中では２年の学校図書館目標にしています。

2. 異質な集団で交流する力

3. 自立的に活動する力
①大きな展望の中で活動
②人生計画や個人プロジェクトを設計し実行する
③自らの権利、利害、限界やニーズを表明する
（まとめ・発表の工夫）
三中では３年の学校図書館目標にしています

「生きる力」とは
基礎・基本を確実に身に付け、いかに社会が変化しようと、自ら課題を見つけ、自ら学び、自ら考え、主体的に判断し、行動し、よりよく問題を解決する資質や能力です。

「生きる力」を育成する学校図書館の役割
○各教科等の学習指導に必要な教材・学習材を収集・提供する
●各教科等の指導計画を作成する
（コラボ授業の時は指導員が各担当教員と相談し、作成）
●指導計画に必要な教材・学習材を明らかにする
（単元関連本のブックリスト作成・配布）
●資料の選択のアドバイス、授業のサポート
単元に沿った方法・調べ学習では情報収集・取り扱い方法説明・パスファインダー使用
・アニマシオン・ブックトークなど
・映像・本・本以外の資料紹介など
相談の上いろいろと工夫できます。

先生方へのお願い
調べ学習から調べたことを根拠にして自分の考えが言える（書ける）ようにしてほしいです。
意見文や論証文などがスムーズにかけるワークシートなどを学校図書館で用意しています。ぜひ、ご利用ください。また、授業に使えそうな図式（ワークシート）を取り揃えています。工夫しだいでいろいろ活用できます。学校図書館へお越しください。
裏面に一部を紹介しています。見てくださいね。

また、学校経営方針にも示したように、学校司書と教科担当教諭とで行うコラボレーション授業（本校ではコラボ授業と呼ぶ）を実施するシステムを、学校司書とともに協議しながら積極的に導入を進めていった。学校司書が各教科の指導単元に基づき、事前に調査研究し作成した単元指導計画、及び学校図書館を活用した、授業で使用すると授業が進めやすいと思われる補助プリント（２～３枚）を準備して教科担当教諭に提案した。当然、そのような提案をするためには学校司書が指導内容を十分理解する必要があるのだが、一方で教員から、この内容は学校図書館を活用した授業

を行う方が効果的ではないかという相談も投げかけられ、共に作り上げていくコラボ授業の幅が広がり、単元指導計画及び補助プリントのストックが学校の財産として蓄積されていく。コラボ授業で紹介された本は、一定期間カートに載せて学校図書館の一角に展示され、授業で紹介した本が多く貸し出される結果となり、貸出数増加という数値目標にも影響した。

学校図書館を活用した授業を行う際は、当然ながらこれまである学校図書館をそのまま使用するというものではない。郷土資料、課題別スクラップ、新聞コーナー等、授業活用に生かせる資料を整備することや、学習空間としてレイアウト等の工夫を行い、情報センター、学習センターとして変化させていく必要がある。授業をしやすい環境づくりが決め手となる。社会に出て必要な情報収集力、分析力を磨く場として学校図書館を位置づけていく。その他にも既存の施設、設備をキャリア教育の視点で見直し稼働率を上げていく。

学校図書館授業、コラボレーション授業（学校司書との協働授業）等を実施することは、これまで授業という視点ではあまり活用されてこなかった学校図書館を教育活動の場、ある意味で教室として思考の基礎づくりを行う環境へと変化させていった。

4．学校図書館来館者数を増やす、ICT機器活用、装飾、レイアウトのしかけ

学校図書館に新しい書籍を多数揃えれば、学校図書館の利用率が単純に増加するというものではない。数値目標達成のためには学校司書、学校図書館関係職員との継続的な協議のプロセスが様々なアイデアを生み出す。たとえば、本への興味関心をもたせるためにプロジェクターを学校図書館に常設し、定期的にDVD上映会を実施する。これまで映画化された小説、現在話題となっている映画のDVDを冒頭の20分間上映し、生徒の興味を原作本につなげる試みである。

上映後、学校司書がブックトークで原作本を紹介すると、終了と同時に貸出希望の予約帳はひと月先まで埋まることもある。

教室で行われたコラボ授業では、カートに載せた本を使い、ブックトークを行う。その際、教室に配置された電子黒板を使い、教科担当教諭と学校司書の読み聞かせ、その後に行われるブックトークの様子もICT機器を活用する。授業後は数週間、カートにどの教科で使用したものかを表示し、学校図書館に配置する。統計によるとコラボ授業で紹介したものは貸し出される率が一般のものより多いことがわかった。

学校図書館内のレイアウトは常に変化させることを前提とした。たとえば展示コーナーでは、毎月テーマを変え関連本や新聞資料などを展示する。その年の６月はサッカーのワールドカップがあり、選手のプレー写真が大きく掲載されているスポーツ新聞やサッカーに関する小説などを配置した。また、保護者ボランティアの力をお借りして図書館全体の装飾にも力を入れ、生徒が訪れやすい雰囲気づくりにも積極的に取り組んだ。

５．キャリア教育の視点で変革する学校図書館（まとめ）

（考察１）学校図書館を教育の中心に置く必要性はどこにあるのか

①学校図書館を教育活動に活用することのねらいは、学校図書館にある紙媒体、書籍、パソコン、パンフレット等の各種データソースを使い分ける能力、まさに情報収集力、分析力の育成にある。キャリア教育の視点で考えると社会人としての基礎力育成であり、生涯学習へとつながる。

②教員の知識量には所詮限界がある。学校図書館活用授業により、膨大な情報を活用しながら指導法を変化させ、授業力向上へと授業の幅が広がっていく。

③授業活用という点では、これまであった学校図書館の環境をそのまま活用すればよいというものではない。学習センター化、情報センター化という視点で考えれば、これまでさほど充実してい

なかったファイルコーナー、郷土資料コーナー、新聞コーナー等を増設させることや、授業で活用しやすい学校図書館のレイアウトを柔軟に変更させることが必要である。そのような環境づくりへの努力が調べ学習の場へと発展させるのである。

（考察２）学校図書館授業の利点はどのようなことで、組織的にどう広げていったのか

①これまでも述べてきたように、学校図書館授業やコラボレーション授業（コラボ授業）はある程度学校経営方針に基づいて実施回数を設定し、半ば義務的にはなるが、とにかく図書館活用授業を体験してみることを優先し、その良さを体感させた。

②学校司書（図書館指導員）と学校図書館関係職員との連携により、授業の内容によりコラボ授業を導入できるように「指導計画＋補助プリント」のセットで紹介するなど、様々な授業形式を教科担当者に提案した。

③学校図書館の書籍を活用する利点として、ネット検索とは違う、自分の手で本を選べる良さがある。本の厚さ、大きさ、自分にふさわしい資料選びが可能である。また、生徒によっては絵本形式のものなどから理解を深めることもある。

（考察３）学校図書館の利用度、読書量が激増してきた環境について

①生徒が入りたくなる学校図書館、教員が授業で活用したくなる学校図書館にするために、保護者ボランティアの協力等を得て学校図書館の装飾を工夫し、入りやすい学校図書館を演出した。また図書館内のレイアウトについても固定するものではなく、利用する教職員の意見を参考にしながら常に使いやすさを求めてレイアウトを柔軟に変更した。

②本に出会わせる場をつくるというのが重要なコンセプトとなる。学校図書館に足を運ぶと書籍データが目に入る。意図的なブックトークによる本の紹介、DVDによる放映と原作本の紹介等が大きく来館者数を増加させるところへと変化させた。

③学校図書館を当たり前のように活用する場とするため、年間を通じて学校図書館開館日を大幅に増やしていった。学校司書と連携を取りながら学校経営方針に目標値を設定し、コンスタントに年間250日を超える状況となるのには時間を要しなかった。例えば、長期休業中は全日開館とした。夏期休業中といえども生徒は部活動、補習教室、プール教室、連合陸上大会に向けた朝練習等、様々な形で登校する。その隙間の時間は全て学校図書館を利用可能とした。いつでも利用できる学校図書館の環境を与えることは、利用者を大きく増加させることにつながった。

④全校の取り組みとして朝読書の時間を定め、学校生活のスタートを読書活動で始めることで読書

習慣の定着を目指した。先生、生徒による読み聞かせ、ブックトーク等、本に興味をもたせ、読みたくなるためのしかけを日常的に行っていった。

（考察４）今後の学校図書館の可能性とボランティア活動

①学校図書館の可能性については、これまでの学校図書館の形にこだわる必要はないと考える。時には息抜きの場であってもよいし、生徒の中には思春期で悩む生徒、コミュニケーションが苦手な生徒もいる。心の居場所づくりとしての学校図書館であっても良いのではないか。保護者ボランティアと書籍を通じた交流も考えられる。

②不登校対策として図書館登校もあって良いのではないか。学校司書や保護者ボランティアの存在は、時には精神的な安らぎにつながるとともに、様々な働きかけによる成果も期待できる。

③図書ボランティアを通じて保護者同士のネットワークづくりの構築が期待でき、その関係から子ども（生徒）たちへの新しい話題提供も期待できる。保護者ボランティアとしての活躍場面として、これまで紹介した様々な活動をより精度の高いものに広げていく。また、保護者個々にもっている得意分野を生かす取り組みも考えられる（カルチャーセンターで指導されている保護者が手芸の本を見せながら教職員に手芸を指導した事例もある）。

④学校図書館担当教諭、図書担当主任、学校司書と図書室のレイアウトについて協議し、授業で活用しやすい、調べ学習に適した環境づくりを積極的に行う。

⑤地域、保護者へ学校図書館活用を広げる可能性を追求する。地域との相互交流、読み聞かせ等、可能性は限りない。

（考察５）キャリア教育の視点で変革する学校図書館

①学校経営方針等で示す学校図書館をキャリア教育の視点で改革する工夫、管理職による強い働きかけが学校図書館の位置づけを変える。その際、次の５つの計画では校長としての考え方がしっかりと反映できることが重要である（図書館全体計画／図書館年間活動計画／図書館活用指導計画／情報リテラシー指導計画／読書指導計画）。

②キャリア教育の本質は、単に勤労観、職業観の育成に偏るものではない。全ての教育活動を通じて基礎的・汎用的能力の育成に取り組まなくてはならない。特に社会人基礎力を高める視点で考えると、あらゆる情報ソースから情報収集力やその内容を取捨選択する分析力を身に付けさせなくてはならず、このことはキャリア教育の視点からも重要なことと考えられる。キャリア教育を学校経営のベースと考えており、学校図書館の学習センター化、情報センター化は、その大きな

柱のひとつと位置づける。

これまでの学校図書館を教育施設として、より利用度を高め改革するには、管理職とともに学校司書、保護者ボランティア、図書館担当教諭との連携が不可欠である。校長として転勤に伴い学校が変わろうとも同一の視点で図書館改革を行ってきた。学校図書館における「コラボ授業」（教科担任と学校司書による協働授業）では、全ての教科において必要な場面で書籍を活用した調べ学習を実施する。ブックトークにより多くの書籍の紹介が読書意欲を高める。情報化社会の中でインターネットからの情報検索のみならず、書籍、新聞等から情報収集力を育成することが言語能力の育成へとつながる。また、クリティカルリーディングの育成が自分の意見をしっかり述べる自己表現能力育成へとつながる。

6．その他、参考資料

平成22年、それまでの学校図書館に対する取り組みが評価され、全国学校図書館賞を受賞することができた。以下に示すものは本校が学校図書館賞として評価された内容の項目である。今後の参考にしていただければ幸いである。

1．学校行事・学校図書館行事（図書委員会活動）

①９年目の全校朝読書（学級文庫を図書委員が管理し、学期ごとに本を入れ替える）。

②教科教室型校舎には、各階にメディアコーナー（フリースペース）があり、教科の関連本を置いている。各階でテーマに沿って本の展示、情報資料の展示、授業で紹介した本のリストを掲示した。

③学校図書館内を毎月テーマごとに本の展示を変える取り組みを行う。

④学校図書館便り「Book of heart」を毎月発行する。

⑤学校図書館に専用プロジェクターを設置し、本の紹介や映像資料を紹介した。月１回DVD上演会を実施、原作本の紹介等に活用し、映像から（想像しやすい）本が読めることを大きなねらいとした。

⑥その他（本の紹介ポスター掲示）、ブックトーク、ブックリストは年２回夏・冬発行、辞書引き大会

2．学校図書館小中交流会

①本校図書委員会の生徒が近隣の小学校へ読み聞かせに出向く取り組みを実施した。

②小中図書委員会が学校図書館を相互訪問し、意見交換、交流活動等を積極的に進めた。

3．学校図書館関連活動

①４月に全学年（10クラス）学校図書館オリエンテーション　②絵本の読み聞かせ・アニマシオン「タイトルをつけよう」　③学校図書館活用のしおり（冊子作成・配布）を使用し、メディアリテラシーを身に付けよう　④著作権について１枚刷り配布参考図書・引用など記入すること等　⑤確認のため図書館クイズを解いてもらう。

4．学校図書館保護者ボランティア活動による開館日数の増加

平成22年度当時、年間253日の学校図書館を開館した。また、学校図書館の土曜日開館（9：00～13：00）を月２回実施した。この学校図書館の土曜日開館には、保護者ボランティアの皆様を公募し、多数の参加が得られた。（年間来館者数11,368名、貸出冊数1,744冊。夏休み開館日数30日、来館者数877名）

5．学校司書の活躍

①教職員研修の講師――学校図書館活用法、教員用学区図書館便りの配布、単元に関連した本のブックトークや読み聞かせ・アニマシオンからクリティカルリーディングの活用授業等。

②調べ学習――学校図書館、図書以外の資料、司書活用、団体貸出（区立図書館との連携）。

③コラボ授業の実施――学校図書館の書籍、資料を活用し、各教科担当と単元に応じて学校司書との協働授業（コラボ授業）を全教科で実施した。

◆◆◆◆◆◆◆◆◆◆◆◆◆◆◆◆◆◆◆◆◆

言語能力を育成する教育課程の充実と正答率

◆◆◆◆◆◆◆◆◆◆◆◆◆◆◆◆◆◆◆◆◆

日頃の学習習慣の徹底を図るため、１日のスタートである朝の時間帯には、20分間の朝読書の時間を設定している。落ち着いた雰囲気の中で集中力を高め１日をスタートさせるのである。

本校では、課題である言語能力の育成に向け、これまで述べてきたように学校図書館を活用しての授業展開や学びの場としての位置づけが大きな特色である。学校図書館は教育課程を推進する上で一層活用すべき場所と考えている。学習センター、情報センターとして授業をより効果的に進めるため、積極的に取り入れている。書物を使った調べ学習を中心とする図書館活用授業や、図書館指導員と教科担当教員が役割を分担し、協働で行うコラボ授業も大きな特色といえる。たくさんの書物の中から適切なものを選び出し、学習に生かす繰り返しは、文章を読み込み、情報を活用する能力を高めることに効果を発揮する。また、言語能力を育成する場として学校図書館の果たす役割は大きいものとなる。

平成２０年６月７日［午前］　荒川区立諏訪台中学校　生徒会本部・諏訪台編集局　「諏訪台」　第１５５号（運動会速報版２）

諏訪台

〈発行者〉
〒116-0013
東京都荒川区西日暮里
2－36－8
Tel03-3891-8115
荒川区立諏訪台中学校
生徒会本部
諏訪台編集局
第155号
〈編集長〉
（3年E組中村理）

3年はB組、2年はD組
1年はC組がそれぞれリード
いよいよ運命の後半戦へ！

午前の部終了！

第11回運動会が本日6月7日（土）諏訪台中第2校庭にて始まりました。天気は晴れ。栄光の優勝目指して各クラス、各団の熱戦が続いています。

雨が心配された天気ですが、青空が見える天気となりました。会場の諏訪台中学校第二校庭。今年のスローガン「信じろキズナ　目指せ頂点　真剣勝負！」にあるように、真剣勝負で優勝を目指し、今までの練習や今日の運動会で仲間を信じ絆を深めることができるといいと思います。

さあ、いよいよ運命の後半戦！午後の競技も白熱した戦いをどうぞ楽しみにしていてください！

諏訪台生、堂々の入場！！！
第11回運動会、いよいよ開会！

（選手入場）全校生徒全員がそろっていた入場行進。保護者の方は「ハツラツとして中学生らしく良かったです。今日一日元気よく頑張って下さい」との感想でした。

感動の涙を

運動会実行委員長3年E組木村真子さんは（写真下）開会式で「今日は待ちに待った運動会です。この日のために2・3年の男子は組体操、女子はソーラン節を炎天下の中練習してきました。3年は修学旅行、2年は下田など、忙しい日程の中使える時間を有効に使って練習してきました。ソーラン節と組体操は、諏訪台中学校の伝統なので私たちがそれを受け継ぎ、悔いのない最高の演技にしたいと思います。応援合戦では、各団の応援団が遅くまで残ってダンスの振り付けを考えたり旗を作ったりしました。本番では全員が団結し、応援団を中心に頑張りましょう。3年生は最後の運動会なので終わったあとに感動の涙が流せるといいですね。各団最後まで諦めずに、全てを出しきりましょう」と話しました。

（生徒宣誓）宣誓中に後から生徒全員の熱気を感じました。これからどんなドラマが生まれるか楽しみです。【中村理】

（ラジオ体操）保護者の方からは、「皆さん、きびきびしていて良かったです」との感想がありました。【北野はな恵】

伝統のソーラン節
今年も感動と涙

（1年団体）クラス全員の力で、思いっきり綱をひっぱりました。【田島聡実】

（障害物競走）保護者の方は「息がそろっててすごかった」

（女子団体演技ソーラン節）2年女子は来年のソーラン節を感じさせるような演技。3年女子はきびきびとした動きで、保護者の方は素晴らしいとおっしゃっていました。【住野諒介】

（新種目の3年仮装競争）ユニークな仮装で盛り上がりました。【伊藤万由子】

運動会当日速報版２（昼休み配布）

これまで本校生徒の特色として、どちらかというと試験の内容がわからないというよりも、問題を読み込めずに解答に至らない傾向が強くあった。そのため文章を読む機会、文章を表現する場面を教育課程の中において多く設定した。

本校はこれまで学校の伝統として、機会あるごとに新聞作成による言語能力の育成に力を入れてきた。入学時の自己紹介新聞から始まり、学級新聞、宿泊行事の事前調査新聞、生徒会新聞と様々である。限られた字数の中で表現したいことを書き込むことや、結論を先に述べ、その理由を限られた字数で説明するコラムの書き方等を学び、文章表現力を高めることにつなげている。それぞれの生徒の作品は、各種新聞コンテストにおいて全国的にも高い評価を受けている。この10年で内閣総理大臣賞を何度も受賞するほどにレベルを上げてきた。学校図書館の活用を起点として、言語能力育成の視点をそれぞれの教育課程の場面で意識化し、随所にその要素を取り入れていった。

言語能力が育成されていくことで目の前の課題に対し、文章を読み込み、理解度を高めることで粘り強く取り組む姿勢を期待したのである。

また、本校では期末考査等の試験において、問題作成の段階で解答へのプロセスを評価できるものを多く作成し、最後まで解答することの重要性を意識させた。

これまでの学校図書館活用授業や新聞作成活動で徐々に試験問題を読み込む力にもつなげていった。右の表はひとつの指標として経年で正解率とともに解答率を調査したものである。意欲を図るひとつの方法として、正解率とともに最後まで粘り強く取り組む解答率を調査することで、生徒のミクロの変容をつかむ手法として行った。期末考査や各種学力調査での解答率が年度を追うごとに大きく増加していった。

技術科３年生、期末考査結果

問題番号		キーワード	正解数	正解率	回答率
1	(1)	膨張	135	84.9%	89.9%
	アイ	割れ	91	57.2%	83.0%
	(2)	雨の日の木材	100	62.9%	97.5%
	(3)	正倉院	10	8.8%	15.1%
2	(1)	年輪	14	84.3%	94.3%
	(2)	晩材	134	65.4%	99.4%
	(3)	木の1年間の成長	104	48.4%	98.1%
	(4)	まさ目材	77	60.4%	99.4%
	(5)	年輪の接線方向	96	52.8%	98.7%
	(6)	繊維の方向	84	37.7%	79.9%
	(7)	板の変形	60	59.7%	98.7%
3	(1)	ヒノキ	95	84.9%	91.8%
	(2)	スギ	135	82.4%	93.1%
	(3)	８角形	131	84.9%	98.7%
	(4)	割れ防止	135	69.8%	86.8%
	(5)	作業手順	111	60.4%	98.1%
	(6)	夢殿	96	23.9%	71.1%
4	(1)	電動糸鋸	38	64.2%	81.2%
	(2)	刃のつけ方	102	74.8%	98.7%
5		農林水産省	119	57.9%	97.5%
★上記20問の総計				61.3%	89.1%
解答率平均値⇒					98.1%

正答率＝正解者数を受験者数で割った数値
解答率＝間違っていても解答を書いた人数を受験者数で割った数値

学ぶ意欲と学習習慣

本校では、多くの生徒に家庭学習の習慣が定着していない傾向があった。学習習慣の定着を促すために独自の学習計画帳であるダイアリーを作成し、年間を通じて毎日提出させ、担任がチェックする。そして、毎日担任が家庭学習についてアドバイスを書き込む。地道な取り組みではあるが、習慣化させるという点では徐々に改善が見え始める。これと平行して、区内では大規模校である本校の生徒と１年間をかけて校長面接を実施し、学習状況について担任と連携を図りながら改善を促した。将来の夢に向けて、今、何を努力しなければならないかを話し合った。徐々にではあるが、家庭学習の時間が増してきている様子がうかがえた。

コラム

【教職員定数改善計画に思う】

教育現場はとかく教育制度の大きな変化、新制度の導入に対し、拒絶反応を示すことが多い。これまでのやり方に留まりがちで、なかなか改善に急激にシフトすることを容認できない傾向が強い。現状維持症候群的な傾向と表現しても良いかもしれない。

私は基本的に教職員定数改善計画に大賛成である。当然、定数拡大に伴い、若手教員の採用は大幅に増え、逆に学校現場の負担増とか、学級経営の質の改善に結びつかないなどという意見が出る可能性もある。これこそが現状維持症候群的な意見である。

制度改革によって若手教員の増員による負担増を危惧するならば、むしろ今日現在の学校組織の人材育成能力はいかがなものかを検証する必要がある。この機会に自校のOJT研修の在り方を見直すべきである。教育を司る学校組織は、他の業界以上に人材育成を得意とする組織でなくてはならないし、OJT研修を組織化して進めるべきである。つまり、定数改善によるマイナス面の指摘は、現在の学校組織の課題の指摘であり、教職員定数改善計画の導入とは別次元の課題といえる。

教職員定数改善に伴う人材の確保は、きめ細かな指導に通じる。特に小学校の専科教員配置は、小学校高学年の教科担任制を推進する大きな力となる。また地域の実情に応じた市区町村の柔軟な学級編成権を与えることで、地域ごとの課題にも柔軟に対応でき、成果が期待できる。一方、学校経営者の校長として、これまで以上に人材活用能力が求められることは言うまでもない。

第８章

まとめ

学校経営者として考えるキャリア教育推進の課題

1．異校種間（小・中・高）連携をする際に大切にすべきことはどんなことか

「それぞれの校種でできることからやろう」では、なかなかキャリア教育は前へ進まない。社会全体からここまでキャリア教育の必要性が求められている中で、お互いが双方の情報を知らない状況で連携を進めることは極めて難しい。異校種間で様々な取り組みを系統的につなげていくことが極めて重要であると考える。そのために次のような点に注目していきたい。

①連携を始めようとする際、当初はあまり広範囲にせず、何か軸になるものを膨らませるのが良いのではないか。もしひとつの連携が実現すれば、その範囲を広げることは比較的やりやすいものである。中学校の立場でいえば、小学校と高等学校の両方とも連携することは可能で、つなぎ役という点では中学校が果たす役割はキャリア教育推進の大きなポイントとなる。小学校を引き上げ、高等学校を巻き込むことができる存在ともいえる。

②それぞれの校種でコアとなる人材がキーパーソンとして行う連携の企画や情報共有は、校種を超えたスムーズな連携に向けて大きな役割を果たすことになる。小中高連携をした行事連携、教科連携にはこのような突破口的な人材の交流が欠かせないのである。

③可能な限り共通した指導計画を作成することで成果が期待できる。例えば環境学習や教科指導において、小中高が一貫した指導計画を作成するところまで発展させることができると、これまでの経験からその成果は驚くほど大きいのである。

④小中学校は、同じエリアにある地域ということで比較的連携しやすいが、高等学校との連携は距離的な問題や専門性も考えると未知数の部分も多い。だが、教科指導の相互訪問やキャリア教育に関する情報共有も部分的に始まっている事実もある。特に中学校にとっては、高等学校以後の進路をイメージするために高等学校との連携は欠かせない。上級学校訪問、卒業生の話を聞く会、高等学校の先生方による高等学校紹介等、可能性は多く存在する。

⑤とにかく情報共有こそが連携の重要な鍵となる。中学校の教職員がインターンシップの内容について詳しく知らず、同様に高等学校の教職員が職場体験の内容を知らないというケースも多く見られ、相互理解するところから始めなくてはならない現状がある。その他の試みとして、工業高校の生徒が中学生に対して技術科での指導等の専門性を生かした交流を行うことも考えられる。

２．企業としては、学校が企業に望むことは何かを知りたいはずである

①常に協働できるという関係が必要である。企業側は大人社会の一員として何を学ばせたいのか、学校側が教育活動のどの部分に参加いただくことで成果が期待できるのか、企画段階から長いスパンで協議できる関係をつくる必要がある。

②本校ではこれまで紹介してきた特命担当を配置し、「校内ハローワーク」では約１年間に及ぶ準備期間を設けている。外部から関わる際に、中心となる部署、人材が明確であることは連携しやすい状況をつくり出す。どちらにしても連携、協働は単発的なものではなく、継続的に積み上げていくからこそ信頼関係が構築され、成果を発揮する。

③外部人材が示す本物のすごさに出会う体験、こだわりをもつプロの姿、企業の方々の超越した力と出会うことは、学校という枠内だけの教育活動では味わえない強い感動、新鮮な感覚をもたらす。そのような体験が多いほど、遠い自分の未来を想像し、生き方を考えさせる機会が増すのである。

３．今キャリア教育において、最も大きな壁になっていることは何で、それをどう乗り越えていくべきか

①「キャリア教育＝職場体験的なもの＝行事」という考え方が相変わらず根強いということである。全教育活動でなぜキャリア教育が必要かということを十分に意識化できていない。学校と企業側が、どのように効果的に教育活動において協働できるのか構築できていない。

②教員はとかく何かを外部人材にお願いするとき、丸投げする傾向がある。何でもいいからお願いします的なことが多いのではないか。これほど失礼なことはない。学校としてどのような力を目指し、この行事で身に付けさせたい能力は何かということをしっかり示した上で、具体的な依頼をして、役割分担する努力が不足しているのではないか。

③教職員に、外部人材との協働について、折衝に対し負担を感じていることや、自分自身の指導におけるペースが乱されるのではないかという、自分の世界を守りたいという意識が働きすぎる傾向があるのかもしれない。

④外部人材と学校をつなぐ、キャリア教育コーディネーターやキャリアコンサルタントという専門的な知識を持ち合わせた方々の存在は、これまでの本校のキャリア教育推進の大きな力となってきた。しかし、一般的には学校関係者にその存在が十分に認知されていないのが現状である。さらにどのように関われば良いかという糸口さえ見つけられないでいる傾向が強い。教育は学校だけで行うものと考え、外部の力を借りることに思考が至らないことが最も大きな壁ともいえる。

⑤企業の代表や商店会の中心メンバー等で構成する地域支援組織は、学校で行う勤労観・職業観の育成を目指す取り組みの強力な支援者となる。何より教育に参加しているという意識が、地域の学校という見方に変化する。このような強力な支援組織が各地で見られるようになったものの、まだまだその数は限られる。地域に根ざした支援組織を増やしていくことが課題である。

4．キャリア教育による、生徒の意識・考え方の変化はどのように評価すべきなのか

こういう成果があったと数値で示すことは難しいかもしれない。ただし次のような見方もある。

①文部科学省が実施したキャリア教育の意識調査の２次報告において、上位層、下位層よりも中間層の生徒の意識の変容が大きいことは注目に値する。

②学力向上調査で、正解率とともに解答率の調査をしたところ、最後まで諦めないで解答する率が極めて高くなった。諦めない粘り強さも見え始めている。生活指導上課題の多い学校だったが、規範意識、基本的な生活習慣にも改善の兆しが見られることは評価に値する。

③何となく普通科高校へという傾向が強かったが、将来を見据えて職業科を見直す、希望する進路を選択する傾向が強くなってきている。

④都立高校の推薦入試ではグループ面接があるが、知識量のみならず、自己表現能力や、相手の意見を受け止める人間関係形成能力の必要性を今まで以上に実感している。

5．学校教育で行われているキャリア教育が個人の進路選択、キャリア形成にどの程度影響を与えているのか

①キャリア教育がどの程度、進路選択に影響を与えているかを図る材料が十分にあるわけではない。キャリア教育そのものが十分に浸透し、一定レベル以上の期間に教育活動が行われているのならば、成果を経年変化で比較することで変容を示すことができるが、ある程度時間が必要である。今後、ニート・フリーター率、早期離職率の低下等が見られれば、義務教育段階の取り組みが功を奏したといえるのかもしれない。

②学校経営方針にキャリア教育の推進を強く打ち出している校長としては、早い段階から高校研究を始める生徒が増加したことや、２段階先の進路を見据えて考えたりする傾向が強くなったことを、全校生徒と個人面接している中から肌で感じることがある。

③キャリア教育という視点は、数々の取り組みをつなげることができる。これまでもご紹介したような「校内ハローワーク」や「勤労留学」等での体験活動による学びと、授業の中で育成する基礎的・汎用的能力の育成が両立してこそ、将来に対する進路や自己への理解が深まる。

６．社会人になっても自分の行動を意思決定できず、再就職の方向を決められない若者が多く見受けられる。学校教育の場で自分の考えを言えるようにするキャリア教育をどのように行っていくべきなのか

①ひとつの企業の皆さんと取り組んだ行事でキャリア教育が完結というものではなく、これまで示してきたように全ての教科指導で基礎的・汎用的能力の育成を位置づけて、授業改善を行う。その中から課題対応能力であるとか、キャリアプランニング能力を育てる地道な取り組みが必要である。ディベートや自分の考えをまとめる等の取り組みが日常的に行われてこそ、意思決定能力が育つのである。

②意図的・計画的に教科、領域を超えてしっかりと自分の意見を述べさせる場面設定も必要であると考える。本校では、ひとり一台のタブレットを活用した授業が進められているが、同時に学校図書館の情報センター化、学習センター化を進めている。決まったキーワードから検査するICT活用能力も必要だが、同時に多くの書籍の中から必要な情報を探し出す能力も必要となり、そのことがクリティカルリーディングにつながるし、小論文コンテストというようなもので自己表現できる力を培うこともできる。

７．キャリア教育の浸透について。キャリア教育の理解について各学校の理解はどうか。

①キャリア教育＝職場体験的なもの、体験活動といえば職場体験で十分という考え方が相変わらず根強い。何度も申し上げるが、キャリア教育が単なるイベントの集合体ではなく、全ての教育活動を通して行われるものでなくてはならない。そういう意味では教科の授業の中での基礎的・汎用的能力の育成を意識した授業改善と、将来を見据えた勤労観・職業観を意識した外部人材との協働行事がリンクしていかなくてはならないし、現時点でそのような取り組みを総合的に実践しているところである。

②教科指導の中でキャリア教育を進める必要があると話す機会があった。そうすると全ての授業でゲストティーチャーをお呼びするのはとても無理で、できたとしても指導内容が終わらないという驚きの発言を耳にすることがある。つまり、そのような会話のやり取りの中で、明らかにキャリア教育の定義を取り違えていることがわかる。職場体験などの体験活動やゲストティーチャーをお呼びするイベントがキャリア教育であると捉えている。もし、社会人として求められる能力の育成となれば、これは全ての教育活動の中で育てるということになる。**キャリア教育の定義を各学校で様々に捉えて、それぞれ違った認識で取り組んでいることが、キャリア教育が全国的に広がらない要因である。**

8．教職員の認識と教科指導の中での具体的な取り組み

①教職員にキャリア教育に対する意識を高めさせることはなかなか難しい。だからこそ学校経営者である学校長の姿勢や、教育委員会の戦略的な研修は欠かすことができない。何より大切なのは、やはり学校経営方針の中心がキャリア教育だと位置づけ、教育品質第一で質の高い教育活動を提供することを目指すことである。さらに研究指定を学校が抱えることは教員一人ひとりへの負担が大きくなるが、そのような機会があるからこそキャリア教育の定着を促進するものとなる。本校で行った全ての授業指導案に育てたい能力を位置づけ、教科指導の中で社会が求める基礎的な能力を身に付けさせることが、授業の質を大きく変えることへとつながる。

②教職員の認識を高めさせる具体策としては、校長を講師としたプレゼンを年度始めに何回か実施し、全ての教育活動がキャリア教育を中心につながっていることを認識させてきた。コアとなる人材を生かすために特命担当をおき、校長の考えを浸透させる方法をとってきた。

③企業人、地域人材との協働の機会を多く設定し、教職員自身が社会へのキャリア教育の必要性、あるいは社会性を直接学ぶ機会を設定してきた。

9．土曜日を活用したキャリア教育についての意見・展望など

①土曜日における行事の設定でいえば、荒川区においては毎月土曜日の授業公開日が設定されており、その際「校内ハローワーク」や「社会貢献活動のゲスト」による講話等を地域、保護者も交えて行っており、一般参加者も多い。地域と共に学ぶ雰囲気づくりは極めて重要と考える。

②休日、土曜日ということでいえば、希望者にはなるが、企業人のゲストティーチャーによる科学教室や企業施設見学等も行っており、今後その範囲を広げていくことも考えられる。また、地域人の育成ということであれば、地域ボランティア、防災活動の参加率も高まってきており、今後さらに高めていける。そのような取り組みが学校生活にもフィードバックできるものと考える。

10．その他

①ボランティア活動と職場体験は当然違う。社会奉仕の精神を学ばせるのか、勤労体験により働くことの意義を学び、学校生活にフィードバックさせるのか、ねらいが明確でないものに成果など期待できない。

②職場体験は、職業体験ではなく、職場体験である。その意義をしっかりと押さえる必要がある。

③外部人材と協働する際、学校側から何でも良いからお願いしますでは全く意味がない。協力者からみても学校側が何を求めているのかを明確に示すことが発展的な企画へと結びつく。

キャリア教育推進を振り返って

社会情勢が時代とともに大きく変容し、これからの若者が社会で求められる能力が多様化している。PISA型学習到達度調査の結果で見られる、生徒の自分への自信欠如、自らの将来への不安、体力低下等の問題や、IEA国際数学・理科教育動向調査（TIMSS）で行われた意識調査では「授業が楽しい」、「日常生活に役立つ」、「学習は将来のため」の項目で世界でも極めて低い数値を示しているという現実がある。このことを目にした時、教育に関わる者として自分自身の問題として捉え、何をどのように改善すべきかを強く意識していくことが重要であると考える。

平成11年に発表された中教審答申の「初等中等教育と高等教育との接続の改善について」において、キャリア教育を小学校から段階的に実施する必要があると発表されてから、全国では様々なキャリア教育推進に向けた取り組みが進められてきた。

私自身も新規採用から始まる教諭時代には、結果としてキャリア教育の視点を意識した取り組みを進めることができたし、また管理職として学校経営を任された際、キャリア教育を基盤とした学校づくりを行うために様々な提案を行ってきた。平成11年には、キャリア教育は職場体験、職場訪問一色に染まり、全国での実践が進んでいったように記憶している。社会人として必要な能力を育成する教育という視点で考えると、職場体験で得る経験値は毎日の生活にも大きく影響し、極めて重要な取り組みであることは紛れもない事実である。しかし、職場体験が終わると今年のキャリア教育は終了、という安易な思考が教育現場にあるということもまた事実であり、キャリア教育の本質を考えると課題も多い。このような体験活動の実践や成果を生かすためにも、日頃の教育活動におけるキャリア教育の推進こそが課題であると強く感じている。

これまで、校長としての働きかけで、教職員が日頃の教育活動の中からキャリア教育の断片を拾い、それを意図的、計画的に指導改善に結びつけるようにしてきた。時には学校経営方針を強く打ち出すことでリーダーシップを発揮し、時には自治体の施策をうまく活用することでキャリア教育を加速させてきたつもりである。

この本に示した実践は、一校長としてキャリア教育の視点で推進した実践事例を多く載せさせていただいたが、手探りの中から実践へと移したものも多く、まだまだ改善の余地は多くある。当然、全ての学校が同じ条件にある訳ではないし、もっている特色、地域の個性もまた違う。同じことがどこの学校にも当てはまるものではないが、参考にしていただけるのであれば幸いである。

強調したかったことは、校長としてキャリア教育をどのように捉え、学校経営の理念を構築したのか、またキャリア教育推進の基礎となる学校経営方針と組織づくりの工夫を、学校現場でどのように行ったのかということである。また、平成18年度から始まった完全５日間の職場体験である「勤労留学」へのプロセス、独自の「校内ハローワーク」では、教員の人材育成を視野に入れたキャリア教育コーディネーターと協働、ネットワークを広げるための「おもしろ探求授業」と地域連携、外部人材との連携の重要性をご紹介した。

　また、校内組織をつなげる、学校行事をつなげる、地域をつなげる等、「つながり感」という私的な感覚を重要視した様子もおわかりいただけるのではないかと思う。なかなかキャリア教育が前に進まないという言葉を耳にすることがあるが、大切なことは管理職のリーダーシップであり、コア人材の育成を組織的に行うことではないか。また、管理職が自治体の施策をうまく活用することが大きな推進力になるのではないかと考えている。本書の後半部分でご紹介した「学校パワーアップ事業」という施策をキャリア教育の視点で進めたこと、「小中一貫教育研究校」や「授業力向上プロジェクト推進校」等の研究指定を受けることで、キャリア教育を基本に据えて行ったことなど、研究指定校を意図的に受けることは、校長の学校経営の策として極めて有効な手段であったと考えている。

　学校経営を続ける校長として現在抱える大きな課題は学力向上である。学力向上に向け、外部人材には夢や希望、現実を語ってもらい、中学生の今、何をなすべきかを考えさせ、将来を展望することで学ぶ意欲に結びつける。このことが車輪の片方とすると、もう一方の車輪は授業での取り組みである。そして大きく変わらなければならないのは授業の質である。「教育品質第一で質の高い教育を提供できる学校」が校長として目指す学校像である。その授業の質を高める授業力向上を図る手段は、キャリア教育の視点を授業に取り込むことである。これまでも述べてきたようにキャリア教育推進のための授業改善ではなく、授業改善のためのキャリア教育である。マトリックス表を入れ込んだ指導案による授業改善は今も現在進行形である。

「理論のみは砂上の楼閣」である。実践してはじめて教育の質が変わる。繰り返す実践の中から、社会人として必要な能力、求められる能力を育成する授業へと進化させた時、キャリア教育は飛躍的に広がるものと信じている。

※季刊『進路指導』誌　2014 年秋季号（公益財団法人　日本進路指導協会発行）より転載

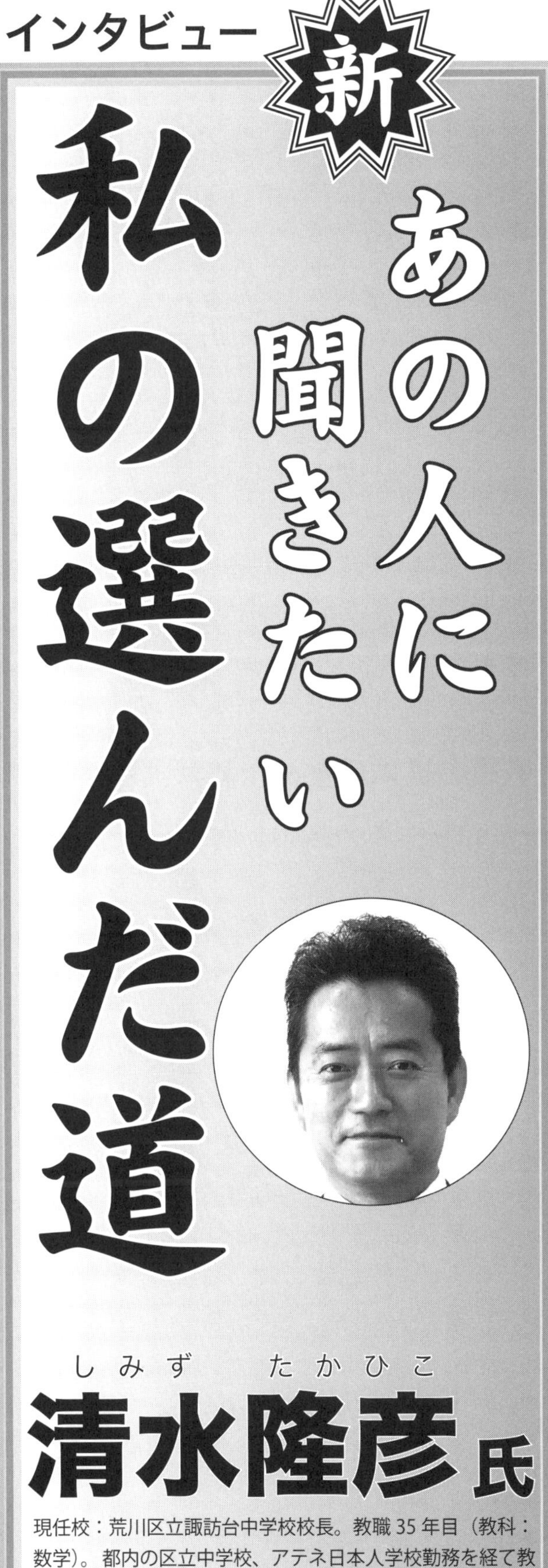

インタビュー 新

あの人に聞きたい 私の選んだ道

しみず　たかひこ
清水隆彦氏

現任校：荒川区立諏訪台中学校校長。教職 35 年目（教科：数学）。都内の区立中学校、アテネ日本人学校勤務を経て教職 21 年目で管理職となり、現在は校長 2 校目。元・全国中学校進路指導連絡協議会 会長。平成 23 年度には文部科学省 『キャリア教育における外部人材活用協力者会議』外部委員を務める。

◎転校を繰り返した小学校時代

生まれは三重県の鈴鹿市です。衝撃的な記憶としては 3〜4 歳の頃に伊勢湾台風が三重を襲って家が水没し、自衛隊の船に乗って避難をしたときのことを強く覚えています。小学校の最上階にある体育館に泊まって、そこで卵に醤油を入れて飲んだ、という記憶がなぜか鮮明にありますね。

父親は民間企業のサラリーマンで、家庭はいわゆる中流だったと思います。父親は転勤が多く、三人兄弟の末っ子として生まれた私は、父親が単身赴任している時期は母親と兄弟だけの家族構成の期間が長く、小学 2 年生の頃からは家族皆で父親の転勤先をついて回るようになりました。北海道、和歌山と移り住み、最後は横浜での暮らしとなります。ただ父親は赴任先からでも他県へと出張に出ることが多かったので、ひとつ屋根の下で全員が一緒に暮らす、というのは横浜に来た小学 5 年生頃からでしたね。今思えば父親も仕事で大変だっただろうなあと理解できるのですが、幼い頃はどうして家に父親がいないんだろうと寂しく思っていたこともあります。

幸いにも転校先で友だちができずに悩むこともなく、その土地土地での生活を楽しんでいたように思います。最初の転校先の北海道でもすぐに雪中心の生活に慣れました。この頃は、動物が好きなので獣医になりたいと思っていました。将来は上野動物園に勤めたいという夢も描いていたのですが、いつからか動物が好きな気持ちはペットを飼うなどといった方向で発揮するべきで、好きなことを仕事にしてしまうのは何か違うのかもな、と考えるようになりましたね。

5 歳上、3 歳上の兄とは同じ小学校に通う時期もありました。それなりに仲はよく、責任感の強い長兄と飄々とした次兄というふたりの要領が悪い部分をこっそりと観察し、自分は上手く立ち振る舞うという、三男坊ならではの要領がいい面もありました。

◎将来の道を模索した学生時代

小学校時代は転校もありマイペースに過ごしていましたが、中学校ではリーダーシップを発揮したり、人の先頭に立つ快感というものが芽生え始めたりしました。学級委員や生徒会に立候補して、皆の先頭を走る気持ちよさを知ったのがこの時代です。周りの皆を自分がリードしなきゃいけないという、ともすれば自惚れた感覚を持っている中学生でした。部活動は剣道部に所属していましたが、スポーツは全般に好きでいろいろな部活に顔を出したり、試合の人数合わせに駆り出されたりしました。こう聞くと文武両道の優等生、と聞こえるかもしれませんが、強引かつマイペースな面があったので、周りの私への評価は、必ずしも優等生とはいえませんでしょうね（笑）。

進んだ県立高校は進学校でしたので、２年生の終わり頃から大学をどこにするかという意識が皆にある状態でしたが、私は進路を非常に迷っていました。この頃、就職した長兄がテレビ局で当時ヒットしていた『Gメン'75』というドラマの音声を担当していたんです。スタジオやロケで機器を駆使し音を作り上げるミキサーの仕事で、その働く姿を見ていました。私はライバル意識も芽生え、長兄の後を追いかけ、いつか追い越してやろうと決意し、工学部を出て機械を勉強した長兄に倣い、私も理工学部の電気通信工学科に進学します。大学では長兄の背中を追うために、コンサートホールにおけるスピーカーの研究などに一生懸命取り組んでいました。

また将来のための勉強はもちろん、旅行研究部に所属して全国を旅して歩きましたね。この部では女子大のユースホステル同好会との合同研修会なども数多く経験したりと、大学生らしい青春を謳歌しました。

しかし大学３年生の頃です。果たして自分はこの道で生きていけるのだろうか、という将来に対する根本的な疑問がわき起こりました。とはいえもう一度大学に入り直すほどの経済的な余裕はなく、何になりたいという具体的な将来への展望が何もない状態になってしまったのでした。

ゲストティーチャーで招いた漫画家に描いてもらった似顔絵が校長室で出迎える。「男前に描くよう伝えたんですがね（笑）。」

◎教職の道に目覚めた教育実習

そんな日々でも、経済的な理由から塾や家庭教師のアルバイトをしていたのですが、この時間を心地よく感じている自分に気づいていました。ならば教職課程を取ってみようか、という程度の軽い気持ちでいたのですが、大学４年生になって中学校での教育実習があり、その中学校の移動教室にも参加したんです。中学時代の恩師がいる学校だったこともあり、特例で教員として移動教室に引率する中で非常に充実した経験をさせていただき、それまで描いていたスタジオミキサーの職よりも、教員が自分には向いているかもしれない、と急激に意識が変化しました。自分の力を、自分が思っている以上に出せて能力を発揮できるというような、ある種の魔法にかかったような体験をしたことで、これは自分の天職かなと強く意識しましたね。

それからは迷わず教職の道に絞り、必死に単位を取得しました。しかし思い立ったのが遅かったこともあり、大学を卒業した時点ではすべての単位が取りきれず、免許取得まではもう１年費やすことになります。この１年間は、当時出会った幼稚園の園長先生からお誘いいただき、1年間の限定ながら幼稚園の先生として働くことになりました。この時代に男性が幼稚園に勤めるということはまず例がなかったように思いますので、ずいぶん画期的ですよね。幼稚園では体育指導員として正式に就職して、いわゆる『体操のお兄さん』として体操やプール、トランポリンなどを子どもたちに教えて過ごしました。この間に必要な単位も満たし、希望だった中学教員に合格しました。そこで幼稚園の卒園式の日に、自分が中学校へ行くことになったことを子どもたちに告げると、園児たち、特に女の子は皆泣いてくれましたね。

◎初任校で待ち受けていた校内暴力

新規採用で数学教師として中学校に赴任した昭和50年代は、全国的に校内暴力の嵐が吹き荒れている時代でした。赴任した学校でもNHKのトップニュースになった学校放火に、生徒の暴力によりある教師は片目の視力を失う、またある教師は腎臓摘出手術と立て続けに大事件が起こります。私の人生の転機は、間違いなくこの新任1年目です。これ以上悪くないだろうという最悪の状況から私の教員人生が始まりました。

放火の時は燃え盛る校舎に夜中到着して以来、火をつけた生徒が判明する2ヵ月半に渡り、独身だった私は学校に50泊以上する生活です。私は8年ぶりの新卒採用ですぐ上の教師ですら30代、

黒板には予定がびっしりと並ぶ。「校長としての仕事に加えて、全国で講演や視察の申し込みなど日々忙しく過ごしています。」

当然自分が最若手だったわけですが、大学を出たばかりの私は生徒に舐められるようであれば、潔く教員を辞めようと決意していました。いつも辞表を片手に、生徒たちには時にボーダーラインとも思えるほどの厳しい指導をしましたね。

そして嵐のような1年目が終わる頃、校長室に呼び出され、来年から生活指導主任をやってくれと打診を受けます。後で考えれば、放火が起きてマスコミに叩かれ続けるような学校の生活指導主任を受ける教師などいる由もなく、最後にお鉢が回ってきたのだろうと推測するのですが、当時の私はこれを意気に感じ、何とかしようと覚悟を決めました。それ以来2年目から10年もの間に渡って生活指導主任を担当しましたね。

◎奏功したふたつの学校改革

それまでは荒れた状況ゆえ、教師は意識して生徒には高圧的に接していましたし、どの中学校でも怖い教師、猛者ばかりを集めて指導していたのですが、なかなか落ち着くことがないのが悩みでした。そこで私は生活指導主任となって2年目に、ふたつのことを実行に移します。

そのひとつが『数学の朝練』です。荒れている子どもは勉強がわからないから学校が面白くないのだと感じ、部活動のように図書室に朝7時に来れば数学の指導をする、と呼びかけました。とはいえどの程度生徒たちに届いているかは半信半疑でしたが、初日には当時荒れまくっていた連中が全員顔を揃えていたんです。それから何日も授業前の朝1時間、作成したプリントに取り組ませました。忘れられないのは、中でも一番悪かった生徒が「ただのプリントじゃつまらないから『まごプリ』と名前をつけろ」というんです。私がその意味を問えば「まごころプリントだ」と。その日から私は教員時代の20年間、ずっと『まごプリ』を作り続けました。卒業生から『まごプリ』をまだ覚えていますと連絡をもらうこともあり、やってよかったと実感しますね。この経験を通じ、高

圧的な指導一辺倒だった頃よりも生徒に声をかける回数も増え、生徒との距離が少し縮まっていく感覚がありました。子どもたちを落ち着かせるのはまず授業をわからせることが大事だということに気づけたのは、この経験をしたおかげです。

もうひとつは、今振り返るとまさにキャリア教育の目覚めになった体験ですが、荒れている子どもが抱えている親への敵対心を払拭するため『保護者の職場訪問』を実施しました。親の職場を訪問して発表会をさせる取り組みは今でこそ当たり前ですが、そういった試みのなかった当時、親に対する尊敬や感謝の念がない限りは子どもが落ち着かないと信じ実施したのです。ねらい通り子どもたちには変化の兆しがあったようで、当時他校の生活指導、進路指導の先生方からは私の取り組みを発表してほしいと数多く依頼を受けました。

このふたつの大きな経験で、勉強をわからせたり、親の仕事を見直すという体験によって荒れた学校も変わっていくんだと実感しましたね。高圧的な指導では物事が変わらないという認識は、今なお抱いている私の哲学です。

◎アテネ日本人学校への赴任

現場で一教員として働くことに生き甲斐を感じていた私が管理職を志すきっかけとなったのは、30代で経験したギリシャ赴任で、これも大きな転機となりました。品川区で7年、大田区で7年教員を勤めた頃には、北海道や和歌山で過ごした自分の幼少時代のように、海外で心細い思いをしている子どもたちに思いをはせ、何か自分の力を発揮できないだろうかと採用試験を受けたところ、たまたま合格し、アテネ日本人学校への赴任が決まったんです。まさか合格するとは思わなかったので、当時は結婚して小学3年生と1年生の子どももいましたが、全く相談していませんでした。だから次の転勤先がギリシャだと告げた時には全く信じてもらえませんでしたね（笑）。しかし1月末に発表されて4月にはもう移れとのことで、その数ヵ月で転勤に備えました。私は父親が単身赴任で辛い思いをした経験から、子どもはどこへでも連れて行こうと決めていましたので、迷わず一家で移住しました。

当時のアテネは他の地中海沿岸同様に日本人の数が減っており、幼稚園児から中学生まで全員合わせても30名ほどでした。私は小学1年生から中学3年生までの算数、数学を教えることになります。もちろん我が子も教えることになるわけで、学校へ一緒に車で向かっても門をくぐった瞬間から子どもは私に敬語を使うのですが、これは子どもにとってはおもしろい経験になったと思います。また授業自体は日本と変わらないのですが、マンションの一角を使っているような環境でしたので、運動をする際はサッカー場を借りるために自ら下手な英語で交渉するなど、日本人学校ならではの経験も私には新鮮でした。

日本人学校というのは、現地の企業が校舎を借り、施設を揃えて、先生のみを文部科学省から派遣するというもので、私立学校のひとつだともいえます。トップは企業の運営委員長で、校長はあくまで現場監督の立場です。この経験がよかったのは、企業経営者と一緒に話をする機会を得て、公立学校経営とは違う部分にいろいろと気づけたことです。また大使館の方やJICAなど、豊富な人材をゲストティーチャーとしてお呼びできたことで、今私が行っている『校内ハローワーク』に繋がる経験が蓄積できました。また塾がない環境なので、日本へ戻って高校受験を迎えることに不安を抱えている生徒に対しては、授業の後に自宅で勉強会を開いて受験勉強に備えさせたりもしましたね。学ぶことへの欲求を募らせていた生徒たちなので取り組みはとても熱心で、彼らは受験も楽々突破し、今は世界で大きく羽ばたいています。この経験も、私が日本に戻って行った『夜間の寺子屋』に繋がっていますね。

ギリシャ時代のさまざまな体験の中でも、サッカー場を下手な英語で自ら交渉し、子どもたちに提供できた時の快感がしばらく忘れられませんでした。3 年後に日本に戻って学校現場に復帰しましたが、この頃には直接子どもを指導することも面白い、しかしもっと全体を見渡して子どもたちにいろいろな場面を提供できるということはさらに面白い体験だと思い至り、すぐに管理職の選考を受けました。

◎教師とは別世界を学んだ都庁勤め

教頭試験に合格した平成 9〜10 年頃は、ある学校での不正を端緒に「教員の常識は世間の非常識」といわれる風潮が起こりました。都の教育委員会はひとつの対策として、管理職選考合格者から面接を経て 25 人を 1 年間職場体験をさせる『長期社会体験研修』という制度を設けます。私はその 2 期生で、管理職として勤める前の 1 年間、都立病院を管轄する衛生局に所属し都庁勤めとなりました。教員 21 年目でこういった別世界を体験させてもらえたことは貴重な経験でしたね。特に顧客第一、お客様サービスの視点は学校経営にもあるべきだという思いは強く叩き込まれました。

そして 1 年後に学校現場に戻り、都合 6 年、教頭職を勤めました。教頭は最もきついポジションといわれており、時間的な制約や仕事量自体も確かに多いのですが、私はこのマネージャー、参謀役のような立場が非常に好きでした。仕事は楽しまないと駄目だ、という私の楽天的な考え方もうまく作用したと思います。またこの頃、隣の中学校には当時の全国中学校進路指導連絡協議会（全中進）会長の大塚洋先生がいらっしゃったご縁で、全中進のお手伝いをさせていただくことになりました。そして次の赴任先は大塚先生が校長の学校で、より親密に大田区でのキャリア教育の取り組みのサポートなどに走り回ります。

そして校長として荒川区立第三中学校に行くことが決まり、私のこれまでの自身の取り組みを考慮されたのか、第三中学校がキャリア教育のモデル校に指定され、校内ハローワークや 5 日間の職

「タブレット導入なども、海外では進んでいる地域があります。今後はプライベート旅行でもその状況を把握してみたいです。」

場体験を先進導入校として行いました。5 年間の第三中学校校長を経て、現在 4 年目となる諏訪台中学校でもこれまでの伝統を活かしつつ、キャリア教育を基盤にさらに取り組み続けています。

◎これからの夢、希望

現在の夢のひとつは、自分が取り組んできたものを集大成として書籍化したいと考えています。もし形になれば私の夢がひとつ叶うことになりますので非常に嬉しいですね。もうひとつはキャリア教育や、ICT 教育の進んだ国を研究してみたいということです。

学校現場では、授業の質を限りなく上げていくことが求められています。教員にはこれまで以上に授業の質の転換が要求されます。21 世紀型スキルの必要性が叫ばれていてもなかなかこれまでの授業形態を変えようとしない傾向があります。将来に向けて教育の質を高めることが国づくりにつながります。先生方には変化を恐れず新しい発想を勇気をもって取り入れてほしいと思います。

また、子どもたちには失敗を恐れずに何にでもチャレンジしてほしいと思います。これからの時代は勉強だけでなく、人をまとめる力や自分の考えを発信する能力が極めて重要です。ただ勉強だけ、スポーツだけを頑張るのでなく、もっと広い視野をもって物事に取り組んで欲しいですね。

あとがき

荒川区の校長として着任以来、全国の教育委員会、小中学校の先生方、各地区の進路指導研究会の方々等、多数の皆様に本校を視察していただきました。視察の内容は、教科教室型校舎の学校運営、キャリア教育を基本とした小中一貫教育研究、外部人材を活用した学校行事、学校図書館改革と様々でした。また、ここ数年ではキャリア教育の在り方、全教科でいかにキャリア教育を実践するのか、タブレットPC等ICT機器を活用した授業改善と内容が変化していきました。

ご視察いただいた各地区の皆様からは、管理職や教員研修の講師にと多数ご依頼をいただきました。各進路指導・キャリア教育研究会等で講演させていただく際は、決められた時間で多くの実践を紹介したいと思っておりますが、何もかもとはいかず申し訳なく思っておりました。そのような時に実業之日本社から本にまとめて実践を広く紹介してみてはどうかというご助言をいただき、私としても自分の取り組みが少しでもお役に立つのであればということで一冊の本にまとめさせていただきました。これまでご紹介してきた様々な実践は、一校長としてキャリア教育を推進するために試行錯誤しているもので、まだまだ完成形には至っておりません。

一校を預かる学校経営者として、より質の高い教育の提供を考えたとき、目指す学校像は常に「全教育活動を通じてキャリア教育の基礎的・汎用的能力を育成する学校」としました。「５日間連続の職場体験」「校内ハローワーク」「おもしろ探求授業」「ホテルシェフによる調理実習」等、外部人材を活用しながら可能な限りその実践を積み重ねてきました。それぞれの行事が充実し始めると、次はそれをつなぐことで威力を発揮させることに取り組みました。まさに「つながり感」というキーワードにたどり着いた瞬間でした。若者のニート・フリーターの激増が大きな社会問題になってきたころ、職業体験等による体験活動の学びだけでなく、社会人として求められる能力を教科指導の中で身に付けさせなくてはならないと考え、基礎的・汎用的能力育成の視点で授業改善を行う研究を進めてまいりました。社会人の基礎づくりは、義務教育段階の小中学校の大きな責任であると強く感じています。

平成23・24年度と全国中学校進路指導連絡協議会の会長を拝命し、全国の各ブロック大会を回らせていただきました。各地区のご発表では、キャリア教育への熱い思いとその質の高さに圧倒され、先端を走る事例を少しでも真似たいと考えました。この間、全国の進路指導・キャリア教育研究会の会長、事務局長の先生方とお話しできる機会に恵まれ、私自身の大きな財産となりました。執筆によりこれまでを振り返る機会を与えていただいた皆様に感謝申し上げるとともに、今後もキャリア教育推進に邁進する決意を新たにしております。ありがとうございました。

平成26年10月　清水隆彦

著者プロフィール

清水隆彦（しみず　たかひこ）

現任校：東京都荒川区立諏訪台中学校　校長。
教職 35 年目（教科：数学）。都内区立中学校勤務、アテネ日本人学校勤務を経験し、教職 21 年目で管理職に。現在校長 2 校目、通算 9 年目となる。

《主な受賞歴》

平成 18 年度　キャリア教育文部科学大臣賞
平成 22 年度　全国学校図書館賞
平成 22 年度　環境教育環境大臣賞

《主な役職》

全国中学校進路指導・キャリア教育連絡協議会　会長（平成 23～24 年）　顧問（平成 25 年～）
平成 23 年度　文部科学省『キャリア教育における外部人材活用協力者会議』外部委員
平成 25 年度　文部科学省『学校図書館担当職員の役割及びその資質向上に関する調査協力者会議』委員
文部科学省　キャリア教育推進連携表彰審査員（平成 23～25 年度）
経済産業省　キャリア教育アワード審査員（平成 23～25 年度）

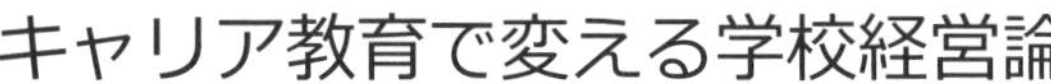

キャリア教育で変える学校経営論

「しかけ」が教員・生徒・保護者を動かす

2014 年 11 月 29 日　　初版第 1 刷発行

著　者　清水隆彦
発行者　村山秀夫
発行所　実業之日本社
〒104-8233　東京都中央区京橋 3-7-5　京橋スクエア
TEL［編集］03-3535-5414　［販売］03-3535-4441
ホームページ　http://www.j-n.co.jp/
印刷・製本　大日本印刷株式会社

ISBN978-4-408-41670-0（教育図書）